トランプ「超★保守改革」

神と自由を取り戻す！

早川俊行

View P BOOKS

★プロローグ

トランプはなぜ戦うのか

「最後の賭け」に出た米国民

「コックピットに突入せよ。さもなければ死ぬ。いずれにせよ死ぬかもしれない。コックピットに入っても、操縦方法が分からないからだ。だが、飛行機を着陸させることに成功するかもしれない。その保証はない。一つだけ確かなことがある。やらなければ、間違いなく死ぬ、ということだ」

２０１６年９月５日のことだ。一本のエッセーがネット上に投稿された。タイトルは「フライト93選挙」。「フライト93」とは、２００１年９月11日に発生した米同時多発テロで、ペンシルベニア州シャンクスビルに墜落したユナイテッド航空（ＵＡ）93便のことだ。エッセーは米大統領選を２カ月後に控えた米国の状況を、ハイジャックされた航空機になぞらえたものだった。

ハイジャック機がテロ攻撃に使われることを知った乗客たちは、コックピットに突入を敢行し、首都ワシントンが攻撃される事態を未然に防いだ。結果的に航空機は墜落し、全員が犠牲になったが、生き残るためにはテロリストたちから操縦席を奪い返すしか道はなかった。40人の乗客乗員は、座して死を待つのではなく、勇気を奮い立たせて「最後の賭け」に出たのである。

そんなＵＡ93便の乗客乗員と同じように、絶体絶命の状況に直面しているのが米国の有権者だと論じたのが、このエッセーだった。選挙戦を優位に進める民主党のヒラリー・クリントン候補がそのまま大統領に当選すれば、偉大な米国は間違いなく終わる。共和党のドナルド・トランプ候補を大統領に選んだとしても、その運命を変えられる保証はない。だが、それでも、チャンスは少なくともゼロではない。トランプ氏の特異なキャラクターに戸惑い、同氏に投票することをためらっていた保守派や共和党員に対し、座して死を待つくらいならトランプ氏に賭けてみるべきだ、そう訴えたのである。

エッセーは「プブリウス・デキウス・ムス」という古代ローマの英雄の名前をペンネームにして書かれ、カリフォルニア州の保守系シンクタンク、クレアモント研究所が発行する季刊誌「クレアモント・レビュー・オブ・ブックス」の電子版に掲載された。掲載直後はほとんど注目されなかったが、２日後に保守派の人気ラジオホスト、ラッシュ・リンボー氏が番組で大きく取り上げたことをきっかけに注目を集め、米言論界で論争を巻き起こした。後に、エッセーの執筆者は、２０１８年４月までトランプ政権の国家安全保障会議（ＮＳＣ）で戦略コミュニケーション担当大統領副補佐官を務めたマイケル・アントン氏であることが明らかになっている。

このエッセーが大統領選の流れを決定付けたわけではない。それでも、冒頭でエッセーのことを取り上げたのは、米国の有権者の危機感がいかに深刻だったかを、最も分かりやすい例えを用いて表現したものだったからだ。つまり、このままでは偉大な米国は終わってしまうという切迫感から、米国民は「異端児」トランプ氏に国家の舵取りを委ねるという「賭け」に出たのである。

日本人の感覚からすると、米国の有権者がなぜ、政治経験がなく、暴言を繰り返し、国家の指導者としての品性にも欠けたトランプ氏を大統領に選んだのか、いまなお理解し難い側面があろう。だが、ハイジャック機に乗った感覚にいる米国民にとっては、とにかく窮地を脱することがすべてであり、政治経験や品格などは二の次だったのだ。何より求めるのは、コックピットの扉を突き破り、ハイジャック犯から操縦席を奪い返す闘争心と決断力、行動力にほかならない。これらの要素を備えていると有権者の目に映ったからこそ、トランプ氏は大統領に選ばれたのである。

その証拠に、2016年大統領選の出口調査では、大統領に求める最も重要な資質として一番多かった回答は「変化をもたらすことができる」の39%で、そう答えた有権者の82%がトランプ氏に投票した。また、有権者の4分の1を占める保守的な白人福音派キリスト教徒の実に80%がトランプ氏に投票した。切羽詰まった米国民の感覚を理解することなしに、現在の米国内の政治対立を正しく分析することはできないだろう。

建国の理念を蝕む左翼

では、米国の保守的な草の根有権者は、誰が米国をハイジャックしたと考えているのだろうか。それは、左翼勢力にほかならない。左翼勢力は過去数十年間にわたり、政界、法曹界、教育界、メディア、エンターテインメント界など、あらゆる分野に浸透し、影響力を拡大してきた。そして、リベラルな政策や価値観を広め、建国の理念やキリスト教に基づく伝統的価値観を蝕んできた。

例えば、第4章で詳述するが、左翼勢力は、初代大統領ジョージ・ワシントンや独立宣言を起草した第3代大統領トーマス・ジェファソン、米大陸を発見したクリストファー・コロンブスら、これまで米国の礎を築いた偉人として尊敬されてきた人物たちを人種差別の象徴として断罪する動きを強めている。米国は邪悪な人種差別主義者によって建国されたという認識を国民に植え付けることで、建国の理念や伝統を徹底的に弱体化させようとしているのである。

さらに、「Fundamentally《ファンダメンタリー》 Transform《トランスフォーム》 America《アメリカ》（米国を根本からつくり替える）」と宣言してホワイトハウス入りしたバラク・オバマ前大統領が務めた2期8年間で、米社会の左傾化・世俗化の傾向は一段と顕著になった。愛国心の強い保守的な草の根有権者が深刻な危機感と怒りを抱いたことは容易に想像できる。

大統領選の時点では、トランプ氏が明確な保守哲学を持った候補であるようには見えず、保守派エリート知識層の離反を招いた。それでも、草の根保守層がトランプ氏を熱烈に支持したのはなぜなのか。ヒントになるのは、トランプ氏の盟友ニュート・ギングリッチ元下院議長の分析である。ギングリッチ氏はトランプ氏の当選後に保守系有力シンクタンク、ヘリテージ財団で行った講演でこう指摘している。

「トランプ氏は思想的、伝統的な保守派ではない。だが、過去100年間で最も反左翼の政治指導者となる可能性がある」

つまり、草の根保守層がトランプ氏を評価したのは、左翼勢力と真っ向から戦うその姿勢だったのである。さらにギングリッチ氏は、トランプ氏ならロナルド・レーガン元大統領にさえできなかった左翼との戦いに勝利できるとも述べている。

「1932年に（大統領に当選した民主党のフランクリン・D・）ルーズベルト氏とともに始まった84年間に及ぶ左翼の支配を終わらせる好機だと私は信じている。レーガン氏はそれを終わらせることができなかった。私もできなかった。今は本当にそれができるチャンスなのだ」

結局、米国の有権者は、左翼勢力にハイジャックされた米国を取り戻すために、トランプ氏をホワイトハウスに送り込むという「賭け」に出たわけだ。国家の命運を懸けた米国民のギャンブルは、果たして成功したのかどうか。その答えを探るのが本書の目的である。

「賭け」の結果ではっきり言えることが一つある。それは、トランプ氏が大統領選に勝利したことで、オバマ前大統領がヒラリー・クリントン氏に託そうとした「リベラル革命」の継承を阻止したことである。

オバマ氏は在任中、側近たちに対し、医療保険制度改革（オバマケア）など自らが成し遂げた業績を1980年代の「レーガン革命」に匹敵すると自賛した上で、「レーガン革命はブッシュ（父）大統領を必要とした」と語っていた。レーガン氏の「保守革命」は、ブッシュ（父）共和党政権が続いたことでその業績が守られたように、オバマ氏も「リベラル革命」を米社会に定着させ、永続化させるには、民主党政権の継続が欠かせないことを認識していた。

第3章で詳しく述べるが、世代も生い立ちも全く異なるオバマ氏とクリントン氏には、意外にも政治理念の根幹で決定的な共通点があった。共に若い頃、米国を漸進的に社会主義化していく理論を体系化したシカゴの極左活動家、故ソウル・アリンスキー氏の思想に傾倒していたことだ。従って、クリントン氏が当選していたら、米最高権力者のバトンはアリンスキー氏の弟子から弟子に引き継がれていたことになる。

アリンスキー思想に染まった左派政治家が2代続けてホワイトハウスの主となるのを防いだことは、トランプ氏の紛れもない功績である。

中国の脅威に立ち向かう

トランプ氏の就任以来、その一挙手一投足が世界を揺さぶり続けているが、無秩序に世の中を騒がしているわけではない。常に何かと戦っているのだ。

エスタブリッシュメントと呼ばれる米国のエリート層に対する反発がトランプ旋風を巻き起こす背景となったが、エスタブリッシュメントの基本的思考は現状維持だ。問題に直面した時は穏便な解決を目指すか、先送りをする。トランプ氏の思考はこれと真逆である。現状維持のために問題を先送りすることは許さない。問題を解決するためなら波風を立てることを厭わない。これが「トランプ流」であり、常に世間を騒がす理由である。

「トランプ流」が特にはっきり表れているのが対中国政策だ。米国の歴代政権やエスタブリッシュメントは過去半世紀にわたり、摩擦回避を優先し、中国がもたらす問題に見て見ぬふりをしてきた。中国が今、国際秩序を露骨に脅かす強大なライバルとして台頭したのは、問題を先送りしてきたツケである。これに対し、トランプ氏はワシントンに蔓延していた現状維持のメンタリティーを打ち破り、中国の脅威に真剣に立ち向かっている。
「過去の政権は中国の行動をほとんど無視していた。だが、その日々は終わりだ」
マイク・ペンス米副大統領が2018年10月にワシントンの保守系シンクタンク、ハドソン研究所で行った対中政策演説は、経済・貿易から軍事、外交、テクノロジー、人権、プロパガンダに至るまで、あらゆる分野で中国の行動を徹底批判する強烈な内容だった。米中新冷戦の幕開けを告げる「号砲」と言っていいだろう。

ペンス演説は、1983年にソ連を「悪の帝国」と呼んだレーガン演説を彷彿とさせる。レーガン氏はソ連の脅威に「対処」するだけにとどまらず、ソ連に「勝利」するという明確な決意を持っていた。トランプ政権も、中国との対決をこれ以上先送りすれば、取り返しのつかない事態になることをはっきり理解し、中国との覇権争いに勝ち抜く決意を固めている。

中国新疆ウイグル自治区では100万人以上ともいわれるウイグル族が収容所に拘束されているが、これはウイグル族だけの悲劇と見るべきではない。トランプ氏に近い共和党のトム・コットン上院議員は「中国共産党に支配された国際秩序の憂慮すべき予兆だ」と指摘する。同自治区の現状は、中国が覇権を握った世界の縮図だというのである。

共産党一党独裁体制の中国が米国に代わる世界の超大国となることは、人類の悪夢にほかならない。米国がトランプ政権の下で中国の野望を阻止するために立ち上がったことは、世界にとってこの上ない朗報である。

アメリカの国柄を懸けた「内戦」

話を再び米国内の対立に戻すが、年を追うごとに深まる米社会の分断は、トランプ氏が大統領に就任してから、危険水域にまで達している。確かにトランプ氏の攻撃的な言動が対立を助長している側面があることは否めない。だが、分断の最大の要因は、トランプ氏に反発する左翼勢力が抵抗を過激化させていることにある。

左翼勢力はトランプ氏に対する抵抗運動を「レジスタンス」と呼び、まるで非民主的な圧政者と戦っているかのようなイメージをつくり出している。大手メディアの露骨な反トランプ報道がこうしたイメージをさらに助長し、焦点を見にくくしているが、米国で実際に起きている「レジスタンス」は、これと正反対と見るべきだ。草の根保守層がトランプ氏を先頭に左翼勢力から米国を取り戻そうと抵抗しているのが、本当の構図なのである。

多くの言論人が認めているように、米国は今、政治的・文化的に「シビル・ウォー（内戦）」の状態にあると言っていい。米ソ冷戦のように武力衝突を伴わないことから「冷たい内戦」、あるいは19世紀に奴隷制をめぐって米国が分断された南北戦争以来の内戦ということで「第2の内戦」と表現されることもある。

米国の内戦の根底にある対立軸とは何か。一言で言えば、トランプ氏が掲げる「Make《メーク》・America《アメリカ》・Great《グレート》・Again《アゲイン》（米国を再び偉大にする）」と、オバマ氏が主張した「ファンダメンタリー・トランスフォーム・アメリカ（米国を根本からつくり替える）」という国家ビジョンをめぐる対決である。

前者は、米国は建国以来、偉大な国家だという前提に立ち、失われつつある建国の理念や伝統的価値観を取り戻そうというビジョンだ。後者は、米国は決して偉大な国家ではなく、建国の理念や伝統的価値観をリベラル思想に置き換えなければならないとするビジョンである。まさに米国の「国柄」を懸けた戦いである。

トランプ氏は２０２０年大統領選への再選出馬を表明しているが、米社会に劇的な変化をもたらすには、1期4年では短すぎる。ギングリッチ氏が述べたように、「84年間に及ぶ左翼の支配を終わらせる」にはなおさらで、2期8年を務めることがどうしても必要になる。次期大統領選は、米国の内戦の行方を左右する「天王山」となることは間違いない。

この熾烈な内戦は、左翼やメディアの攻撃にも動じず、逆に相手に倍返しで対抗するような、これまでの大統領像の枠にはまらない「変人」にしか乗り越えられないだろう。すべてが破天荒なトランプ氏に対し、草の根保守層が米国再建のために期待する役割は、ずばりこれである。

毒をもって毒を制す——。

★目　次

カバー写真　ＵＰＩ
装丁、ＤＴＰ製作　菅野政弘

★第1章★

トランプ「保守改革」で甦るアメリカ

Ⅰ 左翼からアメリカを取り戻す

伝説の保守派活動家の「遺言」

筆者は2004年12月から2017年3月までの12年余り、世界日報の特派員としてワシントンに駐在し、米国の内政と外交の取材に明け暮れる日々を送った。計3度の大統領選取材をはじめ、この間に積み重ねた知識と経験から、米国の政治分析についてはある程度の自信を持っていた。だが、それが一気に打ち砕かれたのが2016年大統領選の結果である。トランプ氏が勝利するとはまったく予想していなかったからだ。まずそのことを告白しなければならない。

予想を外したのは、米国の大手メディアや著名な政治評論家たちも同じだった。トランプ氏の当選を予想した大手メディアは皆無で、ニューヨーク・タイムズ紙に至っては民主党のヒラリー・クリントン氏が勝つ確率を84%と報じていた。

世論調査の数字を過信し、「隠れトランプ支持者」の存在を過小評価したことが、予想を見誤った最大の理由である。ただ、実際の投票結果が事前の世論調査とこれほど大きく乖離したのは近年の大統領選では例がなく、特異な選挙であったことは間違いない。まさしく「サイレント・マジョリティー（物言わぬ多数派）」の存在を証明した米国史に残る「サプライズ選挙」と言っていいだろう。

だが、驚きはそれだけでは終わらなかった。「第2のサプライズ」があったのだ。それはトランプ氏が大統領就任後、保守路線をはっきりと突き進んでいることである。

多くの保守派知識層や活動家は、２００９年まで民主党に属していたトランプ氏を典型的な「ニューヨーク・リベラル」と見なしていた。保守派とは思っていなかったのだ。トランプ氏はかつて、医療保険や銃規制、増税、中絶などの重要課題でリベラルな立場を取り、クリントン氏ら民主党議員に政治献金までしていたからである。だから、トランプ氏は大統領になった後、リベラル派の本性を表すのではないか、保守派内にはそんな懸念が渦巻いていた。

それを象徴したのが、２０１６年3月に共和党予備選の真っただ中に開催された全米最大の保守派の年次集会「保守政治行動会議（ＣＰＡＣ）」である。この年のＣＰＡＣは、トランプ氏の大統領候補指名獲得を何としても阻止したい保守派活動家による「反トランプ集会」の様相を呈した。トランプ氏も土壇場で出席をキャンセルせざるを得なかったほどである。

ところが、1年後、状況は一変する。トランプ氏の大統領就任から間もない2017年2月に開かれたCPACは、一転して熱烈なトランプ支持者の集会と化したのだった。

2016年のCPACで、トランプ氏が登壇したら一斉に退場し、抗議姿勢を示すことを計画していたジョージア州の牧師ウィリアム・テンプル氏は、筆者の取材に「トランプ氏は全く保守ではない。ムソリーニのようだ。女性に対し誤った見方を持ち、道徳的な人物ではない」と、痛烈に批判していた。ところが、翌年のCPAC会場で改めてテンプル氏に話を聞くと、「(メキシコ国境の)壁建設や不法移民排除、米軍増強などトランプ氏が語ったすべてのことは、私が待ち望んでいたものだ」と、まるで前言を忘れたかのように褒めちぎっていた。

トランプ氏が一転して保守主義運動の「新たな顔」と見なされるようになったのはなぜなのか。まず何より、大統領選でクリントン氏に勝利したことが大きい。クリントン氏が当選していれば、オバマ前大統領のリベラル路線は間違いなく引き継がれていた。これを阻止したことは、トランプ氏の大きな功績である。

加えて、トランプ氏が大統領選で掲げた公約を着実に進める「有言実行」の姿勢が、保守派の評価を劇的に高めた。特に、米社会に絶大な影響を与える連邦最高裁判事に公約通り保守派を起用したことを、CPAC主催団体「米国保守同盟」のマット・シュラップ会長は「満塁ホームランだ」と称えた。

保守系オピニオンサイト「フェデラリスト」の上級エディター、モリー・ヘミングウェイ氏も、反トランプ派だった保守派論客の一人だ。だが、2018年1月のワシントン・ポスト紙への寄稿で、「トランプ氏は進歩派大統領になる」という予想は良い意味で裏切られ、トランプ氏が保守的な政策を次々に実行していることについて、「私の期待を大きく上回っていることに興奮している」と絶賛した。

経済政策では、1兆5000億ドルの大型減税を盛り込んだ税制改革を実現したほか、規制緩和も積極的に推し進めている。政府の役割や規制を減らし、民間活力で経済成長を目指す方向性は、「小さな政府」を大原則とする保守主義と完全に合致する。また、人工妊娠中絶反対やオバマ前政権時代に脅かされた信教の自由擁護など、キリスト教保守派が重要視する社会問題で明確な保守路線を取っている。

保守派の中でも、エリート知識層とは一線を画し、早い段階からトランプ氏を支持していたのが、故フィリス・シュラフリー女史だ。半世紀以上にわたり、米国の伝統的価値観を破壊しようとする左翼勢力との戦いに身を捧げてきた伝説的な保守派活動家である。女史は大統領選2カ月前の2016年9月に92歳で他界するが、その翌日に出版された最後の著書で、遺言のようにこう書いていた。

「トランプ氏はロナルド・レーガン氏以来、最も保守的な大統領になる」――。シュラフリー女史の予言は当たりつつある。

密かに進む司法の保守化

トランプ氏の「保守改革」が静かに、そして着々と進行している分野が司法である。連邦裁判所の判事は大統領が指名権を持ち、上院の承認を経て就任するが、トランプ氏は判事の空席を次々に保守派で埋めている。70歳の定年制を採用している日本と違い、米国の連邦判事は終身制で、在職期間が極めて長い。トランプ氏が起用した保守派判事たちは、今後数十年間にわたり米社会に甚大な影響を及ぼしていくことになる。

トランプ氏は最高裁判事の人事で、死去した保守派のアントニン・スカリア氏の後任にニール・ゴーサッチ氏を、退任したアンソニー・ケネディ氏の後任にはブレット・カバノー氏をそれぞれ起用した。ゴーサッチ、カバノー両氏は、共に明確な保守派判事である。

退任したケネディ氏は保守派とみなされていたため、カバノー氏に替わっても、最高裁の構図は表向き保守派5人、リベラル派4人で変わらない。だが、ケネディ氏は2015年に同性婚を憲法上の権利と認めるなど、国論を二分する裁判でリベラル派判事に同調することが少なくなかった。後任にカバノー氏が就任したことで、最高裁は保守派がはっきり過半数を占めたことになる。万一、ヒラリー・クリントン氏が大統領になっていたら、保守・リベラルの勢力は逆転していた。最高裁をリベラル派支配から救ったことは、トランプ氏の最大の功績と評価されている。

最高裁ばかりに注目が集まるが、実はトランプ政権が最も力を入れているのが、高裁判事の人事である。全米に13ある高裁は毎年、数万件の訴訟を処理している。最高裁に上がってくる7000件以上の訴訟のうち、実際に最高裁が審理するのはその2％以下にすぎない。ほとんどのケースは高裁判決が最終判断となるため、高裁が極めて重要な役割を担っているのだ。

トランプ氏は就任から2年間で、30人の高裁判事を承認させることに成功した。これは過去のどの大統領より速いペースである。民主党大統領が起用した判事が過半数を占める高裁は、トランプ氏の就任時に九つあったが、2019年3月には七つに減った。

記録的ペースで進む高裁判事人事は、決して偶然の結果ではない。政権発足前にトランプ氏から指示を受けたドナルド・マクガーン法律顧問（2018年10月で退任）が、明確な保守哲学を持った若い法律家を高裁に送り込む戦略を立て、これを共和党上院トップのミッチ・マコネル院内総務らが議会共和党と連携して取り組んできた成果である。

米メディアによると、トランプ氏は保守派の中でも政治的、社会的圧力に屈しない「強さ」を備えた人材を起用するよう指示していたという。過去に共和党大統領が起用した判事の中には、左翼勢力の圧力でリベラル傾斜してしまう例が少なくなかった。このため、トランプ氏はタフな精神力も判事に必要な資質として重要視したのである。

どの政権も連邦判事人事は重視するが、トランプ政権ほど明確な目標を持って戦略的に取り組んでいる政権はない。大手メディアがロシア疑惑などスキャンダルばかりを騒ぎ立てる中、「司法の保守化」が密かに進んでいたのである。

リベラル判事は民主主義の脅威

トランプ氏が連邦裁判所に保守派の裁判官を積極的に送り込むのは、彼らに憲法や法律を保守的な価値観で解釈することを期待しているからではない。保守派のゴーサッチ氏が最高裁判事に指名された際、「新たな法律を書くのは、議会であって法廷ではない」と強調したように、裁判官には主観を挟まず法律を中立・客観的に解釈することを望んでいるだけなのだ。

裁判官が法律をありのままに解釈するのは、本来、当たり前のことである。ところが、リベラル派の裁判官たちが独自の法解釈をする行き過ぎた「司法積極主義」により、司法府が事実上の立法府と化す状況が生まれている。選挙で選ばれたわけではないごく少数の裁判官が独自の法解釈を国民に押し付けるのは、国民主権の原則を脅かすものである。トランプ氏はこの状況を是正しようとしているのだ。

行き過ぎた「司法積極主義」の最たる例が、同性婚の合法化である。同性婚は２００４年にマサチューセッツ州で初めて導入されたが、これは州民の代表である州議会や知事が決めたものではなく、州最高裁の司法判断で認められたものだった。これに驚いた他の州は、リベラルな判事の判断で同性婚が一方的に導入されるのを防ぐため、州憲法に結婚を１人の男性と１人の女性のものと定義する条項を盛り込んだ。州憲法修正の是非を問う住民投票でも、ほとんどの州で賛成が圧倒的多数を占めた。こうして同性婚に対する「防波堤」を築いた州は31に上った。

ところが、２０１３年以降、各地の連邦地裁・高裁が同性婚を禁止した各州の規定に違憲判決を下すようになり、保守的な州までが強制的に合法化州へと塗り替えられていった。そして、連邦最高裁は２０１５年６月、同性婚を合衆国憲法上の権利と認定する最終判断を下し、全米50州で同性婚が合法化された。同性婚に反対する民意が完全に押し潰された瞬間だった。

「米国民３億２０００万人の支配者は、最高裁の多数派だ。９人の判事による憲法修正行為は、国民から自治という最も重要な自由を奪っている」

当時の最高裁の保守派判事アントニン・スカリア氏は、同性婚合法化判決の少数派意見でこのように批判し、独裁者のように振る舞う最高裁は、民主主義の脅威であるとまで言い切った。スカリア氏が非難した司法による憲法修正行為を明確に拒否する判事が5人いる現在の最高裁で、もしこの裁判が審理されていたら、全く異なる判決が下されていただろう。

宗教的伝統の排除を進めたオバマ

最後の著書でトランプ氏を「第2のレーガン」になると予言して他界したフィリス・シュラフリー女史といえば、米国の保守派の間ではその名を知らぬ者はいない伝説的な活動家である。特に有名なのが、1970～1980年代にかけ、フェミニストたちが推進し、成立目前までいった「男女平等憲法修正条項」をほぼ独力で阻止したことだ。

そのシュラフリー女史に生前、インタビューしたことがある。2013年のことだ。この時、既に88歳だったが、米国の将来を案じる「憂国の士」でありながら、常に笑みを絶やさない優雅な表情に圧倒されたことは、今でも鮮烈な記憶として残っている。自分たちの努力によって米国の未来は必ず変えられるという揺るぎない信念が笑顔の内側にあるのを強く感じた。

当時、シュラフリー女史が力を入れて取り組んでいたのが、信教の自由を守る戦いだった。信教の自由といえば、米国の最も重要な建国の理念だが、この自由がオバマ大統領の下でかつてないほど攻撃を受けていたのだ。女史にこの問題を質問すると、優雅な笑みは消え、険しい表情で辛辣なオバマ批判を繰り広げた。

「オバマ大統領は宗教を公の場から排除し、米国を完全な世俗国家に変えようとしている。オバマ氏の考え方は、教会で扉を閉めて祈りを捧げるのは構わないが、公の場で宗教活動をするのは認められない、というものだ。つまり、信教の自由を『礼拝の自由』に狭め、宗教を教会の壁の内側に閉じ込めようとしている」

フィリス・シュラフリー女史
(2013年3月撮影)

合衆国憲法は修正第1条で信教の自由を保障している。だが、左翼勢力は過去数十年にわたり、政教分離の原則や非キリスト教徒への配慮を理由に、公の場からキリスト教的要素を排除する試みを推し進めてきた。「全米市民自由連合（ACLU）」を筆頭とする左翼法曹団体は、公共施設などにキリスト教的なものを見つけると、撤去するよう圧力をかけ、応じなければ訴訟を起こす。勝訴の判例を積み重ね、宗教的伝統を社会から削り取ってきた。

ACLUに訴えられるのを恐れ、クリスマスツリーを「ホリデーツリー」と言い換えたり、教育目的で公立学校に掲げていた「モーゼの十戒」を撤去するなど、自主的に「脱宗教化」を進める地方自治体も少なくない。左翼勢力の圧力で米社会は世俗化傾向を強めているといっても過言ではないが、シュラフリー女史は「オバマ氏の考え方はACLUが行ってきたことと完全に一致する」と言い切った。

シュラフリー女史は2012年に、オバマ氏がいかに宗教に不寛容であるかを詳述した『No Higher Power（至高の権力）』を共著で出版している。それによると、オバマ氏は2009年にカトリック系のジョージタウン大学で演説した際、壇上にあったイエス・キリストの名前を象徴する文字を隠させたほか、1776年の独立宣言から「創造主」という言葉を省いて引用したことが何度もあった。オバマ氏は宗教的要素の排除を自ら実践していたのである。

オバマ政権は、企業や団体が職員に提供する医療保険の適用対象に避妊薬や不妊手術を含めることを義務付け、人工的な避妊を不道徳と信じるカトリック教会などの猛反発を買った。避妊費用負担を拒否すれば、巨額の罰金が科されるため、宗教系の学校や病院、慈善団体、敬虔なキリスト教徒が経営する企業は、宗教的信念を放棄するか、事業を断念するかの選択を強いられた。このため、社会的弱者に奉仕活動を行うカトリックの修道女たちをはじめ、多くの団体や企業がオバマ政権を相手取って訴訟を起こすという異常な状態になった。

また、オバマ政権が同性愛者の権利拡大を強力に推し進めたため、宗教的信念に基づき同性愛や同性婚に反対する人々が「偏見の持ち主」と見なされる風潮が急速に広がった。信仰を持つ者は、それぞれの宗教・宗派が教える道徳基準を生活の指針にして生きている。保守派・宗教界がオバマ氏に強く反発したのは、政府が世俗的な価値観をモラルの基準と位置付け、それを国民に押し付けたためだ。シュラフリー女史の『至高の権力』という著書のタイトルは、オバマ政権下の米国では政府以上に崇高な存在はない、つまり、政府が神に取って代わりつつある状況を表したものだった。

米国民が国家への忠誠を唱える「忠誠の誓い」には、「神の下の一つの国家」という文言があるが、シュラフリー女史はこう嘆いた。

「オバマ氏が目指すのは『神の下の一つの国家』ではない。『世俗的な連邦政府の下の一つの国家』だ」

「神の下の一つの国」を取り戻す

オバマ氏は「米国を根本からつくり替える」という目標に基づき、米国を神なき世俗国家へと変えることを目指した。これに対し、トランプ氏は「米国を再び偉大にする」を掲げ、「神の下の一つの国家」の伝統を取り戻そうとしている。

大統領就任から間もない2017年2月にワシントン市内のホテルで開かれた「全米祈祷朝食会」。ドワイト・アイゼンハワー大統領以来、時の大統領がスピーチすることが恒例になっているこのイベントで、トランプ氏は「米国は信仰者の国」であり、「互いへの信仰、神への信仰を持ち続ける限り、米国は繁栄する」と強調した。さらに、独立宣言を起草したトーマス・ジェファソン第3代大統領の次の言葉を引用した。

「我々に命を与えた神は、我々に自由を与えた。自由が神からの賜物だという確信を無くした時、国家の自由を保てるだろうか」

独立宣言が「すべての人間は生まれながらにして平等であり、その創造主によって、生命、自由、および幸福の追求を含む不可侵の権利を与えられている」と明記しているように、人間の権利は創造主から賦与されたものであるからこそ、その権利は不可侵なものとなる。もし権利が政府から与えられるものなら、政府はその権利を奪うことも可能になってしまう。ジェファソンは、神への信仰の喪失は自由の喪失につながると言ったのである。

ジェファソンの警告は、政府が信教の自由を圧迫したオバマ政権の下で現実のものになった。これに対し、トランプ氏は翌年の全米祈祷朝食会でも、「我々の権利は人間によって与えられるものではない。創造主から来るものだ。何があろうと、いかなる地球上の力も我々の権利を奪うことはできない」と強調している。トランプ氏は、神への信仰が米社会の礎だというジェファソンの言葉をはっきりと理解している。

実際に信教の自由を守る措置として、トランプ氏は2017年5月、政府機関に信教の自由を尊重することを命じる大統領令に署名した。具体的には、宗教団体など非課税組織が特定の選挙候補者に対して支持・不支持を表明することは、1954年に定められた「ジョンソン修正条項」で禁止されており、違反すると非課税資格が取り消されるが、大統領令は財務省と内国歳入庁（IRS）にこうした処分を控えるよう命じた。また、企業や団体に職員の避妊費用負担を義務付けたオバマ政権の措置について、厚生省に宗教的信念を理由とした免除を認めるよう命じた。

大統領令を受け、司法省は2017年10月、全政府機関が遵守すべき信教の自由擁護の指針を発表し、憲法修正第1条は「信じる権利、礼拝する権利だけでなく、信念に従って特定の物理的行動を取る、またはそれを控える権利を保証している」ことを明確にした。

信仰を持つ者は、教会や家庭内だけで信仰を実践しているわけではない。宗教的信念に沿って会社を経営したり、商売をしている事業者は数多い。また、宗教系の非営利組織は、教義に従って学校・病院経営や慈善活動を行っている。だが、信教の自由は教会など宗教施設の壁の内側に制限されると考えていたオバマ政権は、公の場で経済・社会活動をしたければ、宗教的信念を放棄すべきとのスタンスだった。これは明らかに米国の建国の理念に反するものであり、司法省の指針は公の場でも信教の自由は擁護されることをはっきりさせた。

厚生省も同月、大統領令を踏まえ、宗教的信念から人工的な避妊を不道徳と信じる非営利組織や企業に対し、職員の避妊費用負担を免除すると発表した。オバマ政権では免除が正式に認められていたのは、教会やモスクなど純粋な宗教組織だけだったが、これが宗教系の学校、病院、慈善団体、営利企業にも拡大された。カトリックの修道女たちまでがオバマ政権に反発して法廷闘争を繰り広げたことで全米の注目を集めたこの問題は、ようやく決着がついた。

信教の自由をめぐり、宗教界が最も懸念を深めているのが、同性婚の合法化などの動き

信教の自由を守るため米連邦最高裁前で抗議活動を行うカトリックの修道女たち（2016年3月23日）

に伴い、結婚は男女間のものと信じる保守的なキリスト教徒が偏見の持ち主と糾弾され、社会的制裁を受ける事例が全米各地で相次いでいることだ。その一例が、コロラド州のケーキ職人ジャック・フィリップスさんのケースである。フィリップスさんは同性婚のウエディングケーキ作りを断ったことで、同州の人権委員会から性的志向に基づく差別を禁じた州法に違反したと断定された。

　このケースは連邦最高裁までもつれ込み、最終的にフィリップスさんは2018年6月に勝訴を勝ち取った。裁判では、トランプ政権の司法省が「宗教的信念に反して表現を強要し、（同性婚の）式に参加させようとする行為は、憲法修正第1条の権利を侵害している」とする意見陳述書を提出し、フィリップスさんを支援した。オバマ政権であれば、政府がフィリップスさんを支持する行動を取ることはまず考えられなかった。

「信仰を持つ人々が標的にされ、いじめられ、沈黙させられることをこれ以上許さない。宗教差別はさせない」——。トランプ氏は信教の自由を擁護する大統領令を発表した際、こう宣言した。

米社会から宗教的な伝統や価値観を削り取ろうとする左翼勢力の「対宗教戦争」に終わりはない。信教の自由は引き続き、さまざまな形で攻撃を受けるだろう。だが、左翼勢力から執拗ないじめを受けてきた宗教界にとって、トランプ氏はいじめっ子を撃退してくれる頼もしい「助っ人」と映っていることは間違いない。

復活した「メリークリスマス」

日本人でクリスマスシーズンに「メリークリスマス」と言うことに抵抗感を覚える人は、一体どれだけいるだろうか。信じがたいことだが、米国はキリスト教徒が7割を占める国でありながら、「メリークリスマス」と気軽に言えない風潮が強まっている。米社会に広がる「ポリティカル・コレクトネス（政治的正当性）」により、「メリークリスマス」を「ハッピーホリデー」に、「クリスマスツリー」を「ホリデーツリー」に言い換えるなど、クリスマスの「脱キリスト教化」が進んでいるのだ。

ポリティカル・コレクトネスとは、偏見や差別を含まない、政治的に中立的な用語や表現を用いることを求めるものである。だが、左翼勢力が「メリークリスマス」を使わせないようにするのは、非キリスト教徒への配慮というより、米社会からキリスト教の伝統を排除することに狙いがあるのは間違いない。

クリスマスの「脱キリスト教化」を率先して進めていたのが、ほかならぬオバマ氏だった。オバマ氏は在任中、毎年作成する公式クリスマスカードに「クリスマス」の文字を一度も入れたことがなかった。カードにはオバマ氏が家族で飼っていた犬が何度も描かれていたため、ホワイトハウスのクリスマスは「何年にもわたり、イエスではなくペットが中心だった」（保守派ラジオホストのトッド・スターンズ氏）との批判まで出た。

ニューヨーク・タイムズ紙の報道によると、オバマ氏とミシェル夫人は、ホワイトハウスでクリスマスの準備を担当していた責任者に「宗教色のないクリスマス」を要望した。ホワイトハウスでは毎年、キリスト生誕の場面を再現した模型を飾るのが慣習になっているが、オバマ夫妻はこれも飾りたくなかったという。結局、この慣習はオバマ政権でも維持されたが、実際に撤去が検討されたことはホワイトハウスも認めている。

これに対し、トランプ氏はどうか。大統領選の最中から「メリークリスマス」を復活させると宣言していた。2015年9月の演説ではこう述べている。

「私はクリスマスが大好きだ。だが、店に行くと、クリスマスの文字がない。ハッピーホリデーばかりだ。クリスマスはどこに行ったのだ。妻にはそんな店には行くなと言っている。私はクリスマスが見たいのだ」

これは多くのキリスト教徒が抱いていた率直な思いだろう。トランプ氏はポリティカル・コレクトネスのしがらみにとらわれず、一般庶民の本音をストレートな表現で代弁する。だからこそ、草の根有権者から熱烈な支持を集めるのだ。

大統領に就任したトランプ氏は公約通り、最初のクリスマスカードで早速、「メリークリスマス」の文字を復活させた。ホワイトハウス内の装飾も、伝統的なキリスト教のクリスマスを意識したものに戻した。

2017年11月のホワイトハウス前のクリスマスツリー点灯式では、「米大統領として米国と世界にメリークリスマスと言えるのはとてつもない栄誉だ」と述べるとともに、クリスマスはただのホリデーではなく、「救い主イエス・キリストの生誕を祝う聖なる季節だ」と強調した。

そんなトランプ氏に対し、宗教界からは称賛の声が上がった。キリスト教福音派系の有力団体「家庭調査協議会」のトニー・パーキンス会長は、オバマ政権の8年間は「ポリティカル・コレクトネスが国教になっていた」が、トランプ氏がこれを「打破したことはすがすがしい」と絶賛した。

宗教から程遠い存在に見えるトランプ氏だが、演説では「神」という言葉を躊躇なく繰り返す。これに対し、オバマ氏は2016年11月のサンクスギビング（感謝祭）デーの声明では、一度も「神」に言及しなかった。サンクスギビングは、1621年にピルグリム・ファーザーズが移住後初めての収穫を神に感謝したことを記念する祝日だが、オバマ氏は一体誰に感謝を捧げたのか分からない。トランプ氏は、米社会に「神」を取り戻そうとしている。

ポリティカル・コレクトネスとの戦い

米国の保守派がポリティカル・コレクトネスに反発するのは、左翼の価値観にそぐわない言論を封じ込める「言葉狩り」「思想警察」と化しているからだ。行き過ぎたポリティカル・コレクトネスが特に顕著になっているのが大学である。

全米各地の大学で近年、保守派言論人の講演が学生らの抗議で中止に追い込まれるケースが相次いでいる。例えば、カリフォルニア大学バークレー校では2017年2月、保守系ニュースサイト「ブライトバート」の編集幹部だったマイロ・ヤノポロス氏の講演に反対するデモが暴徒化し、講演は中止になった。外部の極左活動家も紛れ込んだデモ隊は、火炎瓶による放火や窓ガラスを叩き割るなど破壊行為を行い、大学は10万ドルの損害を負った。同大ではその後も、保守派の女性論客アン・コールター氏の講演が中止になるなど混乱が続いた。

バーモント州のミドルベリー大学では同年3月、登壇した保守派の論客チャールズ・マレー氏に対し、会場の学生約400人の大半が一斉に背中を向け、20分間にわたり罵声を浴びせ続けた。マレー氏は結局、何も話すことができなかった。さらに、裏口から出ようとしたマレー氏とエスコートした同大教授は襲われ、教授はむち打ち症と脳震盪を負った。

米有力シンクタンク、ブルッキングス研究所が2017年に大学生1500人を対象に行った調査結果によると、物議を醸す人物が学内で講演する場合、51％が大声を出して妨害することは容認できると回答した。さらに驚くべきことに、暴力を用いて発言者を沈黙させることも容認できると答えた学生が19％もいた。ポリティカル・コレクトネスに反する主張は、強制的に止めさせることが正義だという意識が学生の間で蔓延しているのである。

大学で言論の自由が否定されているのは、言論人だけでない。学生たちもそうだ。大学の学生・教職員の権利擁護に取り組む「教育における個人の権利財団」の報告書によると、2017年度に「不快な発言の禁止」など言論の自由を「明確かつ実質的に制限する規則」を少なくとも一つ設けていた大学は、調査対象466校のうち133校（28・5％）に上った。また、自由な言論活動をキャンパス内の「フリースピーチゾーン」という小さな一角に制限している大学は、49校（10・5％）あった。

2019年2月には、カリフォルニア大学バークレー校で勧誘活動をしていた保守派団体の活動家が激しく暴行を受ける事件が発生した。スマートフォンで撮影された事件の映像は、大柄な男に何度も殴られるという衝撃的なものだった。キャンパス内で保守派が罵声を浴びたりするのは日常茶飯事になっていたが、保守派の言論活動に対する不寛容な風潮はついにここまで来たか、という印象を全米に与えた。自由な言論が存在しない大学は、もはや「学問の府」とは呼べないだろう。

トランプ氏は大統領選の最中からポリティカル・コレクトネスを「米国が抱える大問題」と断言し、立ち向かう姿勢を明確にしていたが、大学内の言論の自由を取り戻すために思い切った行動に出た。2019年3月、言論の自由を守らない大学には、連邦政府の補助金を削減するという大統領令を出したのだ。

「異なる意見を抑圧し、米国の若者たちが硬直した左翼イデオロギーに立ち向かうことを妨げる教授や大学の権力者に明確なメッセージを送る」

トランプ氏はホワイトハウスに招待した保守派の学生100人以上の前でこう強調した。その上で、連邦政府は教育機関に年間350億ドルの補助金を拠出していることを挙げ、「大学が言論の自由を認めなければ、彼らにお金を与えない。極めて単純なことだ」と主張したのだった。

政府が強制的に言論の自由を守らせるやり方には、保守派内にも異論がある。だが、ほとんどの大学はリベラル派の教職員に占められており、強制力を伴った措置でなければ、大学の姿勢を変えるのは難しいことも事実である。

ブルックリン大学のミッチェル・ラングバート准教授がリベラルアーツの有力大学51校の教授8688人の支持政党を調べたところ、民主党支持者は共和党支持者より10・4倍も多く、共和党支持者が一人もいない大学は39％に上った。米国の大学がいかにリベラル勢力に支配されているかを示すものだ。

そんな左翼の巣窟に対し、トランプ氏はこう言い放ったのだ。「俺の言うことを聞かなければ、カネはやらないぞ」と。脅迫的な手法で問題の是正を図るのは、トランプ氏にしかできない。

「閉された言語空間」を解き放つ

行き過ぎたポリティカル・コレクトネスによって、米国が本音を自由に言えない息苦しい社会に変わってしまったと感じているのは、実は保守派だけではない。

「モア・イン・コモン」という国際グループが２０１８年９月までに８０００人を対象に行った調査結果によると、米国民の80％がポリティカル・コレクトネスは問題だと回答した。人種別に見ると、そう答えたのは白人が79％、黒人が75％、ヒスパニックが87％、アジア系が82％、先住民インディアンが88％だった。マイノリティー（少数派）に対する偏見や差別を防ぐことがポリティカル・コレクトネスの主目的であるはずだが、実はマイノリティーも問題視していたのである。

調査結果は、米国民を政治思想で七つのグループに分けているが、ポリティカル・コレクトネスを肯定的に捉えていたのは「進歩的活動家」、つまり左翼活動家だけだった。一般のリベラル派でさえ、大半がポリティカル・コレクトネスを否定的に見ているのである。

調査に答えたノースカロライナ州の28歳女性は、こう述べている。「私はリベラルな考え方だが、ポリティカル・コレクトネスが行き過ぎであることは間違いないと思う。すべての人が些細なことで不快感を抱くところまで来てしまった」。ポリティカル・コレクトネスは人間関係に調和をもたらすどころか、逆に緊張をもたらしている、というのである。

また、調査会社「マクローリン・アンド・アソシエイツ」が2019年3月に行った世論調査によると、トランプ氏が言論の自由を擁護しない大学への補助金を削減する大統領令を出したことを、米国民の73%が賛成すると回答した。共和党支持者だけでなく、民主党支持者や無党派層も70%以上が賛成しており、党派を超えて幅広い支持を得ている。

結局、一部の左翼活動家がポリティカル・コレクトネスを押し付け、一般的なリベラル派を含む国民の大多数がそれに不満を抱いているというのが、現状と言えるだろう。

これに対し、トランプ氏はポリティカル・コレクトネスを一切気にしない。暴言と批判されようとも、タブー視されてきたテーマをストレートに語る。綺麗事や建前ばかりで本音を言えない社会にうんざりしていた草の根有権者が、トランプ氏に拍手喝采を送る理由がまさにここにある。

前述の「モア・イン・コモン」の調査に答えたニューヨークの43歳男性はこう語っている。

「私はポリティカル・コレクトネスの定義を嘘をつくことだと思っている。本音を言わないのは、実際にはすべての人を傷つける。私がトランプ氏の大ファンであるのは、ポリティカル・コレクトネスを気にしないからだ」

米国ではこれまで、不法移民問題や行き過ぎたグローバリズムなどについて異論を唱えにくい風潮があった。だが、トランプ氏の登場でタブーは一気に取り払われ、あらゆる問題で自由闊達な議論が可能になった感がある。文芸評論家の故江藤淳氏は、連合国軍総司令部（GHQ）による検閲の呪縛から脱却できない戦後の日本を「閉された言語空間」と表現したが、ポリティカル・コレクトネスによる米国の「閉された言語空間」は、トランプ氏によって解き放たれた。

米史上最も強力な「反中絶派大統領」

米国の国論を二分する社会問題の一つが人工妊娠中絶問題である。中絶反対派は「Pro《プロ》-Life《ライフ》（生命尊重）」、中絶賛成派は「Pro-Choice《プロチョイス》（女性の選択権尊重）」と呼ばれ、両者の対立は「文化戦争」と言っていいほどの激しさである。その中絶問題に対し、トランプ氏はプロライフの立場を鮮明にし、胎児の生命を守るための政策を次々に打ち出している。

海外で中絶を実施・支援する国際団体に米国の海外援助予算が使われるのを禁止する政策は、レーガン大統領が１９８４年に導入して以来、「メキシコシティー政策」と呼ばれる。この政策は、共和党政権で導入、民主党政権で撤回が繰り返されてきたが、トランプ氏は再導入するだけでなく、大幅に拡大させた。ブッシュ（子）共和党政権では、同政策の対象が家族計画を支援する予算約6億ドルに限られていたが、トランプ政権ではこれが約90億ドルに上るすべての海外医療援助予算に適用されている。

また、トランプ政権は、途上国の人口政策を支援する国連人口基金（ＵＮＦＰＡ）への資金拠出を停止した。ＵＮＦＰＡは産児制限で中絶を強制する中国と連携しているためだ。

国内では、２０１９年2月に最終決定した「生命保護規則」などを通じ、中絶手術を行う全米最大の組織「全米家族計画連盟（プランド・ペアレントフッド）」を筆頭に、中絶を実施・推奨する医療機関への連邦政府補助金を減らす取り組みを進めている。また、中絶手術などに加わりたくない医療従事者の良心の自由擁護にも力を入れている。

トランプ氏のこうした積極的な取り組みを保守派は高く評価しており、中絶反対派団体「スーザン・Ｂ・アンソニー・リスト」のマジョリー・ダネンフェルザー会長は、トランプ氏を「米国史上、最も強力なプロライフ大統領だ」と言い切るほどだ。

対する左翼勢力は、トランプ氏によって中絶の権利が脅かされているとの危機感から、その反動で極端な行動に出ている。民主党が強い州を中心に、子宮外でも胎児の生存が可能とされる後期妊娠中絶を認めようとする動きが広がっているのだ。

ワシントンで毎年開催されている中絶反対派による大規模デモ「マーチ・フォー・ライフ」。後方の建物は連邦最高裁（2018年1月19日）

ニューヨーク州では２０１９年１月、24週以降の中絶を認める法律が成立し、民主党のアンドリュー・クオモ知事は「ニューヨークの人々と進歩的価値観にとって歴史的勝利だ」と喜びを爆発させた。その祝賀として、「ワン・ワールド・トレード・センター」などニューヨークのランドマークをピンク色の照明で輝かせるという演出まで行ったのだ。

同センターは２００１年の同時テロで倒壊した世界貿易センタービル跡地に建てられたが、すぐそばにある追悼施設にはテロで犠牲になった妊婦のお腹の中にいた赤ちゃん11人の名前も刻まれている。訪れたことのある人なら分かるだろう。テロ跡地は誰もが生命の尊さを肌身で感じる場所である。そのような厳粛な場を中絶問題で政治利用したことを、トランプ政権でプロライフ政策を主導するマイク・ペンス副大統領は厳しく非難した。

トランプ氏は2019年2月の一般教書演説で、後期妊娠中絶を禁止する法案を成立させるよう議会に要求した上で、次のような深い言葉を述べている。

「根本的な真実を再確認しよう。すべての子供は、生まれた後、生まれる前にかかわらず、神の聖なる似姿に創造されたのだ」

トランプを支えるキリスト教福音派

米国のキリスト教徒の中でも、特に保守的傾向が強いのがプロテスタントの福音派である。聖書の記述を文字通り信じる福音派は、米人口の4分の1を占める一大勢力で、伝統的に共和党の強力な支持基盤となってきた。

白人福音派キリスト教徒は2016年大統領選で8割がトランプ氏に投票したが、その熱烈な支持は今も揺らいでいない。これまで見てきた通り、連邦判事人事や信教の自由、中絶などの社会問題で、トランプ氏が選挙公約通り、オバマ前政権のリベラル路線を次々に反転させたことが、保守的なキリスト教徒たちの信頼を勝ち取っている。

敬虔な福音派キリスト教徒であるペンス副大統領の存在も見逃せない。歴代大統領に大きな影響を与えた福音派伝道師、故ビリー・グラハム師は、妻以外の女性と二人きりで移動、面会、食事をしないようにしていたが、ペンス氏はこれに加え、妻が同伴しない時はアルコールが提供されるパーティーに出席しないようにしている。「ペンス・ルール」と呼ばれる自己規律のルールはリベラル勢力の嘲笑の対象となっているが、貞節を固く守る姿勢はキリスト教保守派から幅広い尊敬を得ている。トランプ政権が社会問題で明確な保守路線を打ち出しているのは、ペンス氏が政権内で福音派の意向を反映させているためである。

米政治情報サイト「リアル・クリア・ポリティクス」によると、トランプ氏の支持率平均値は就任以来、一度も50%を超えたことがない。だが、その一方で、37%を切ったこともない。大手メディアや左翼勢力にあれだけ叩かれながら、この数字を維持できるのは、福音派を中心とした岩盤支持層があるからだ。トランプ氏の政権基盤は不安定と思われがちだが、福音派をがっちり押さえている限り、決して大崩れすることはない。

トランプ氏は元ポルノ女優が過去の不倫関係を告白するなど醜聞が後を絶たない。ペンス氏とは見事なまでのコントラストである。敬虔なキリスト教徒たちがそんなトランプ氏を熱烈に支持していることを、左翼勢力は「偽善」だと批判している。だが、福音派の指導者たちは、トランプ氏の過去の行為を誤りと認めつつも、大統領としての実績を評価すべきとの立場だ。福音派系の有力団体「家庭調査協議会」のトニー・パーキンス会長は、

福音派系の有力団体「家庭調査協議会」のトニー・パーキンス会長

２０１８年１月の政治専門紙「ポリティコ」にこう語っている。

「（福音派キリスト教徒は）オバマ氏と左翼勢力にいじめられてきたことにうんざりしていた。公園のいじめっ子にパンチしてくれる人がやっと現れたことが嬉しいのだ」

これはオバマ政権下で「迫害」を受けていたと感じている保守的なキリスト教徒たちの偽らざる本音である。彼らにとって、トランプ氏の過去のプライベートな振る舞いより、現在の大統領としての行動のほうがはるかに重要な要素なのだ。

保守派コラムニストのマーク・ティーセン氏も、同年３月のコラムでこう論じている。

「トランプ氏を道徳的模範とする人はいない。最も宗教的な大統領でもない。しかし、最も親宗教的な大統領だ。保守派キリスト教徒はトランプ氏を信仰ではなく仕事ぶりで判断している。生命（中絶問題）と自由（信教の自由擁護）に関する限り、トランプ氏は素晴らしい仕事をしている」

福音派がそんなトランプ氏が再選されるのを望まないわけがない。２０２０年の次期大統領選でも福音派はトランプ氏の選挙運動を熱烈に支えることになるだろう。

Ⅱ　国境と国家主権を守る

移民を政治利用する民主党

民主党・左翼勢力は、米国内に１１００万人以上いると推定される不法移民への市民権付与や、低熟練・低所得の移民の大量受け入れ、中東地域からの難民受け入れ拡大を主張している。彼らがこれらを積極的に推進するのは、弱者救済といった人道的理由だけではない。むしろ、真の狙いは別のところにある。それは移民を大量に受け入れて民主党を支持する有権者を増やし、ホワイトハウスと議会を長期的に支配することである。

2016年大統領選で黒人の88％、ヒスパニック（中南米）系とアジア系の65％が民主党のヒラリー・クリントン候補に投票したように、マイノリティー（少数派）は民主党を支持する傾向が強い。つまり、マイノリティー人口を増やすことで、政治ではマジョリティー（多数派）の座を占めるという「マイノリティー・マジョリティー戦略」こそ、民主党・左翼勢力の長期政治戦略の中核なのだ。

今では考えられないが、全米屈指のリベラル州であるカリフォルニア州はかつて、レーガン大統領を輩出した共和党の地盤だった。それが民主党の牙城へと様変わりしたのは、ヒスパニック系、アジア系人口の増加が主な要因である。移民を増やしてその州の政治風土を一気に変えてしまうという「カリフォルニア・モデル」を全米に広げていく民主党・左翼勢力の戦略は、明らかに成功を収めている。近年、ヒスパニック系人口の急増により、共和党から民主党の地盤に変わる州が相次いでいるからだ。

共和、民主両党のシンボルカラーから、共和党が強い州を「レッド・ステート」、民主党が強い州を「ブルー・ステート」と呼ぶ。大統領選は、50州と首都ワシントン（コロンビア特別区）に割り振られた計538人の選挙人を争う戦いだが、レッド・ステートがブルー・ステートに塗り替えられる州がさらに増えれば、民主党は大統領選で一段と有利になる。

民主党・左翼勢力にとって、移民の大量受け入れは選挙に有利になるだけではない。リベラルな政策課題を遂行する推進力でもあるのだ。中南米諸国からやってきた低所得の移民は、米国の福祉目当てでやって来る人も多いため、必然的に欧州型の福祉国家を目指す民主党の政策に共鳴するのである。

実際、米世論調査機関ピュー・リサーチ・センターの2012年の調査では、ヒスパニック系の75%が「大きな政府」を支持し、「小さな政府」への支持はわずか19%だった。アジア系も55%が大きな政府を支持し、小さな政府への支持は36%にとどまった。保守系シンクタンク、マンハッタン研究所のヘザー・マクドナルド研究員によると、ヒスパニック系世帯は福祉への依存度が高く、これが大きな政府を支持する主要因だという。

貧しい移民を増やすことで、小さな政府、個人の自由、自己責任、自由な企業活動といった米国の建国の理念を弱体化させ、政府や官僚機構に依存する福祉国家へと変えていく。左翼勢力は「米国を根本からつくり替える」という長期目標を実現するツールとして、移民を政治利用しているのである。

つまり、移民問題は米国の政治的・文化的な「内戦」の主戦場なのだ。トランプ大統領がこの問題を再優先課題に位置付けて取り組むのはそのためである。

国境なき国家は国家ではない

「自殺行為だ」――。伝説的な保守派活動家の故フィリス・シュラフリー女史は生前、共和党が不法移民に市民権取得の道を開く移民制度改革に賛成することをこう呼んで断固反対していた。

共和党内には拡大するマイノリティー票の獲得を狙い、移民問題で寛容な姿勢を示すべきだとの意見が根強くある。だが、前述のピュー・リサーチ・センターの世論調査が示すように、ヒスパニック系が民主党を支持するのは、大きな政府を志向するリベラルな政策が主たる理由であり、共和党は小さな政府を柱とする保守主義の旗を降ろさない限り、マイノリティー有権者を民主党から奪うのは難しいだろう。

「自殺行為」と分かりながら、なぜ共和党はこれまで、移民問題で断固とした対応を取ってこなかったのか。それは、低賃金労働者を確保したい経済界の要望に加え、「反移民」と受け止められることで左翼勢力から「レイシスト（人種差別主義者）」のレッテルを貼られるのを恐れてきたからだ。人種問題に敏感な米社会では、「レイシスト」と呼ばれること以上にダメージとなる批判はない。そう考えると、トランプ氏がレイシストの批判を浴びながらも、民主党の移民の政治利用に真っ向から対抗し、国益優先、つまり「米国第一」の移民制度改革を目指していることは画期的なことなのである。

移民問題に対するトランプ氏の取り組みの柱は、大きく二つある。一つは、メキシコ国境に壁を建設することで不法移民の流入を阻止することだ。壁の建設費を確保するために国家非常事態宣言を出した強引な手法には賛否両論があるが、それでも歴代政権が対応を怠ってきた不法移民問題に誰より真剣に取り組んでいることは疑いの余地がない。対する民主党は、不法移民を将来の自分たちの支持者予備軍と見ているのか、危機意識ははるかに薄い。


「国境なき国家は国家ではない」――。

不法移民の流入を放置する米国の現状を、トランプ氏はたびたびこう非難している。国境を守ることは国家が果たすべき最も重要な責務であり、その責任を放棄したら、もはや国家ではない。そう訴えるトランプ氏の主張は正論である。

著名な保守派の論客、フーバー研究所のビクター・デービス・ハンソン上級研究員は、2017年3月の論評で、不法移民を放置することは「気付かぬうちに法の下の平等を蝕んでいる」と指摘した。不法移民が移民法の適用を免れるのなら、一般国民はなぜ道路交通法や納税義務が免除されないのか。そうした疑問が生じるのは当然だとし、不法移民を放置することは、国民の遵法意識を低下させ、法治という社会秩序の根幹を揺るがすことになるというのだ。

トランプ氏が取り組むもう一つの柱は、合法的な移民についても、誰でも受け入れるのではなく、専門知識や高度技能を持った人材を優先的に受け入れることだ。低熟練・低所得の移民希望者を制限することは排他的な印象を与えるが、福祉に依存する人材より、生産性が高く社会により大きな利益をもたらす人材を優先するのは、国家としてごく常識的な政策判断である。政府依存度の低い人材の受け入れは、小さな政府、個人の自由、自己責任という建国の理念を維持することにもつながる。

対立を助長する「多文化主義」

「共産主義の悲惨な状況を逃れ、米国に来ることが許された。米国での人生は素晴らしいものになった。その私が一体どうして米社会の被害者なのか。あり得ない」

米有力保守系シンクタンク、ヘリテージ財団で上級研究員を務めるマイク・ゴンザレス氏は、12歳の時にカストロ体制下のキューバを逃れた。スペインで2年間過ごした後、1974年に家族と米国に移住した。その後、ＡＦＰ通信やウォール・ストリート・ジャーナル紙の海外特派員となり、ブッシュ（子）政権では国務省などのスピーチライターを務めた。

亡命者の立場から、世界各地を飛び回るジャーナリストとなり、米政権の要職にも就いたゴンザレス氏。近年、米国を差別社会と否定的に捉える風潮が強まっているが、同氏は米国が名も無き移民にも平等な機会を与える国であることを肌身で体験してきた。

「米国で差別に遭ったこともある。だが、それはごく小さなものだ。私は決してこの国の被害者ではない。米国で生きられることは本当に幸運だ」

米国は「移民の国」として発展してきたが、多民族国家は本来不安定だ。米国は1776年に英国から独立するが、1790年までに英国系の住民は既に半数を割っていた。英国以外から移民の流入が続き、一段と多様化が進む中、米国を独立に導いた建国の父たちは、社会の調和や安定を維持するために、ある言葉を国家のモットーに据える。

「E Pluribus Unum《エ・プルリブス・ウヌム》」というラテン語だ。「多数から一つへ」を

ヘリテージ財団のマイク・ゴンザレス氏

意味し、1782年に採用された国章にも刻まれた。多様な背景を持つ人々が、独立宣言や合衆国憲法で謳われた自由や平等、小さな政府といった建国の理念を中心に米国民として一つにまとまっていくことを建国の父たちは目指したのである。

以来、米国に新たにやって来た移民に対し、建国の理念や米国民としての共通のアイデンティティーを受け入れさせる「同化」が伝統となった。初代大統領ジョージ・ワシントンも、副大統領ジョン・アダムズへの書簡で、移民が「米国の習慣や風習、法律に同化され、一つの国民になる」ことの重要性を説いている。

ところが、建国以来の同化の伝統に対し、「米国は過去40～50年間、背を向けてきた」とゴンザレス氏は指摘する。代わりに強調されるようになったのが「多文化主義」である。移民を米社会に溶け込ませるよりも、出身国から持ち込んだ言語や習慣、価値観を尊重し、各グループのアイデンティティーを維持させることが奨励されるようになった。

同化と多文化主義の違いを分かりやすく示した例えが、「メルティング・ポット（人種のるつぼ）」と「サラダボウル」だ。メルティング・ポットとは、金属などの物質を高熱を利用して溶融・混合させるための耐熱容器のことで、さまざまな人種・文化的背景を持つ人々が溶け合い、まとまってきた米国の同化の伝統を表している。対して、サラダボウルは、いろいろな野菜が入ったサラダのように多様な人種が共存しているものの、決して溶け合うことはなく、法律やマーケットといった〝ドレッシング〟のみで結び付けられた多文化主義社会を象徴している。

もちろん、これまで米社会に同化してきた移民も、出身国の伝統や文化を大切にしてきた。だが、ゴンザレス氏ら保守派が多文化主義を問題視するのは、米国民を白人、黒人、ヒスパニック系、アジア系などのグループに切り分け、マイノリティーの各グループを差別の歴史の被害者と見なす立場から促進されていることだ。

米国民としての誇りや愛国心を高めることで異なる背景を持つ国民を統合することに主眼が置かれたのが同化だった。保守派はこれを「愛国的同化」と呼んでいる。対照的に、被害者意識やグループ意識を煽る多文化主義は、国への誇りや帰属意識を希薄化させ、人種間の対立を逆に助長しているというのである。

ゴンザレス氏は言う。

「米国民がグループごとに分断されれば、社会の結束や一体感は失われてしまう。多文化主義を転換し、エ・プルリブス・ウヌムの伝統に戻る必要がある」

「同化」の伝統を失った公教育

移民国家の米国は、過去に移民が大量に入ってくる時期を何度か経験してきた。それでも国家としてまとまってきたのは、移民を米国民として同化させることを重視してきたことが大きい。中でも、移民に建国の理念や伝統を教え、米国民としての誇りや愛国心を養う上で重要な役割を担ってきたのが公教育だった。

19世紀前半から「コモンスクール」と呼ばれる公立初等学校が広がるが、歴史家のマーク・エドワード・デフォレスト氏によると、コモンスクールは「欧州から米国にやって来る移民の子の同化、教育に大きな役割を果たした。学校は生徒に英語や読み書き計算を教えるだけでなく、米国の経験の要と考えられた価値観や信条を積極的に普及させていた」という。

だが、今はどうか。「市民の道義や国家への敬意を教えるという米国の学校が果たしてきた役割は覆された」と、ゴンザレス氏は嘆く。

特に、オバマ前政権は、移民を米社会に同化させるよりも、出身国の文化や伝統を尊重する多文化主義を教育現場で積極的に推進した。例えば、移民の子供が出身国の言語を話せることを「財産」と位置付け、学校でも英語の習得だけでなくバイリンガルとして育てることを奨励した。連邦政府が移民のバイリンガル教育を支持したのは、オバマ政権が初めてだった。バイリンガル教育と言えば聞こえはいいが、米国にやって来た移民家庭の子供を米社会の一員として育てるためにまず重要なのは、英語をしっかり習得させることだ。英語の習得が中途半端になれば、社会に溶け込めなくなってしまう。

また、オバマ大統領は移民に市民権取得を促すプロモーションビデオで、米国民になることは「自分を変えることではない。自分の旅に新たな1章が加わることだ」と強調した。米国民になっても米国の価値観を受け入れなくて構わない、との意味である。

教育現場では多文化主義が強調されるだけではない。第4章で詳述するが、日本で自虐的、反日的な歴史教科書が問題となってきたように、米国でも自虐史観に偏った教科書が用いられ、米国の歴史や建国の理念が否定的に教えられている。反米自虐主義の歴史教科書では、マイノリティーや移民が差別に苦しんできた側面ばかりが強調され、愛国心を高めて同化を促すどころか、米国への反感や被害者意識を煽っている。

ニューヨーク・エリス島の教訓

ニューヨーク湾にエリス島という小さな島がある。ここはかつて、自由や豊かな生活を求めて米国に渡ってきた移民たちの玄関口だった。多くの人が入国審査を受けたこの島には、「移民国家」としての米国を形作った歴史の1ページが刻まれている。エリス島を取材すると、米国民がなぜ不法移民の流入に強い拒否反応を示すのか、その背景が見えてきた。

エリス島に連邦政府の最初の入国審査施設が設置されたのは1892年のことだ。以来、施設が閉鎖される1954年までに約1200万人がこの島を経由して米国に入国した。3億人以上いる現在の米人口のうち1億人以上がエリス島から入って来た移民の子孫とされる。施設は1990年から移民博物館として公開されている。

エリス島は自由の女神像のあるリバティー島から1キロほどの所にある。観光客向けのフェリーでリバティー島を訪れると、帰りにエリス島を経由するため、大西洋を渡って来た移民たちが船上から眺める自由の女神像に歓喜しながらエリス島に入港した当時の光景が目に浮かんでくる。

「この建物で入国審査の手続きが行われました。貧困や飢饉、宗教迫害、家族との合流など、さまざまな理由で米国への移住を求める人々がエリス島にやって来たのです」

移民博物館でガイドを担当する国立公園局の職員が、館内を案内するツアーでこう解説すると、参加者の中年女性が「イタリア出身の私の祖父もこの島から入国したのよ」と声を上げた。多くの米国民にとって、エリス島を訪れることは自分のルーツをたどる旅でもあるわけだ。

館内の2階には入国審査が行われた大きなホールがあり、1900年代初めまでは連日、審査を待つ移民でごった返した。ここでは世界中のさまざまな言語が飛び交っていた

かつては移民の入国審査施設だったニューヨーク・エリス島の移民博物館

ことから、まるで「バベルの塔」（神の怒りで人間の言語がバラバラになったという旧約聖書の物語）だったという。
入国審査で結核などの病気を患っていたり、犯罪歴が確認された場合は、入国を拒否され、本国に送還された。エリス島はいわば運命の別れ道であり、国立公園局の職員は「移民にとっては、決して楽しい思い出ではありませんでした」と説明した。それでも、入国を拒否されたのは全体の２％にすぎず、米政府は移住希望者の大多数を受け入れていた。
米国では現在、メキシコ国境から入って来る不法移民の問題が国論を二分する政治・社会論争となっているが、歴史家のリー・エドワーズ・ヘリテージ財団特別研究員は、ワシントン・タイムズ紙への寄稿で「エリス島の経験から学ぶべきことがある」と主張した。エリス島の時代と現代の決定的な違いとしてエドワーズ氏が挙げたのは、「19～20世紀初めの移民は、米国が移民に関するルールを決め、それを執行する権利を認めていた」ことだ。

1921年までは移民の受け入れ数に制限がなく、移民が不法入国する必要性がほとんどなかったため、現代との単純比較はできない。それでも、エリス島の時代は、世界各国から移民が押し寄せてきても、米政府が定めたルールに則って入国審査が行われ、移民もそれに従うという「秩序」が存在した。だが、今は不法移民が米国の法律やルールを無視してメキシコ国境から流れ込んでいるのが実情である。

エドワーズ氏の寄稿に対し、同紙ホームページのコメント欄には、読者から「ほとんどの人は合法的な移民は問題にしない」「私の母はエリス島経由で入国した。両親は合法的にこの国にやって来た」といった声が寄せられた。いずれも移民は正規の手続きを踏んで入国すべきとの意見だ。つまり、不法移民に強い拒否反応を示す米国民の大多数は、排他的に移民を毛嫌いしているのではなく、あくまで不法移民がルールを守らず、秩序を破壊していることに憤りを抱いているのである。トランプ氏がメキシコ国境への壁建設など不法移民の流入阻止を訴える背景には、秩序回復を求める国民の声があるのである。

また、エリス島の時代は、大量の移民を受け入れる一方で、国家としての調和や結束を保つために、移民を米社会に溶け込ませる「同化」が積極的に推し進められた。移民博物館には、移民に英語を教えるクラスの写真や移民向けの教科書などが展示されており、同化の取り組みが国を挙げて行われていたことがうかがえる。

展示物の中で一番驚かされたのが、1915年に全米各地に配布されたポスターだった。移民に対して夜間学校に通い、英語を学ぶことを促す内容だが、そのポスターのタイトルがなんと「アメリカ・ファースト（米国第一）」なのだ。ポスターの趣旨とトランプ氏が掲げる米国第一は意味合いが異なるが、愛国心を醸成して社会の結束を目指すという基本的な部分では大きな共通点がある。

1915年に配布された移民に米社会への同化を促す「アメリカ・ファースト（米国第一）」というタイトルのポスター

「過去1世紀半の間、良識的な移民受け入れと学校における早期の同化が機能した。これこそが米国民になろうとする新たな移民を受け入れる強力な基盤だ」。エドワーズ氏は「エリス島の教訓」をこう総括している。

「バルカン化」で分裂する米社会

現在の米国は移民を大量に受け入れる一方で、米社会に同化することを求めなくなった。米保守系シンクタンク、ハドソン研究所上級研究員のジョン・フォンテ氏は、こうした「同化なき移民の大量流入」が米国をバルカン半島のような分裂社会に変えつつあると指摘する。

「多文化主義の考えの下では、人々は米国民であることを第一に考えるよりも、アフリカ系、中南米系、アジア系、女性、LGBT（性的少数者）など、それぞれが属するグループを第一に考えることが強調される。グループを強調することで、米国民は分断され、互いに対立し合う。これがいわゆる米国のバルカン化、敵対的多文化主義である」

つまり、左翼勢力は米国民を人種や民族、宗教、性別、性的指向などのアイデンティティーでグループ分けし、白人対マイノリティー、キリスト教徒対イスラム教徒、男性対女性、保守的なキリスト教徒対LGBTなどの対立構図をつくり出すことで、政治運動のエネルギーに変えてきたわけだ。これがいわゆる「アイデンティティー・ポリティクス」と呼ばれるものである。

カール・マルクスは、プロレタリアート（労働者階級）とブルジョアジー（資本家階級）の階級闘争を煽った。現代ではこれがアイデンティティー・ポリティクスに姿を変え、経済的な格差ではなく人間が持つアイデンティティーの相違を基に闘争を煽り、米社会を分断しているのである。

上院議員を7期42年務め、米政界で幅広い尊敬を集めるオリン・ハッチ氏は、ウォール・ストリート・ジャーナル紙への寄稿で、アイデンティティー・ポリティクスの危険性を訴えたが、その内容は強烈だ。「アイデンティティー・ポリティクスは、米国の政治文化の癌だ。その転移を許せば、礼節は消滅し、米国の国民共同体は崩壊し、米国は思想的ゲットーの分断国家になる」と警告したのである。

また、保守系シンクタンク、フーバー研究所研究員のブルース・ソーントン氏は、２０１２年12月の「メルティング・ポットとサラダボウル」と題する論評で、アイデンティティー・ポリティクスを中核とする現代の多文化主義は「サラダボウルという文化的・人種的多様性を尊敬し、祝うのではなく、米国の文明を帝国主義、植民地主義、外国人嫌悪、人種差別の罪で告発する」ことに主眼が置かれていると指摘した。

つまり、多文化主義の背後にあるのは、米国は外国人やマイノリティーを支配・搾取・差別してきた罪深い国家と捉える反米主義だというのだ。愛国的同化の伝統が多文化主義に取って代わり、さらにこれに反米主義が結び付くことで、米社会は「バルカン化」が進んでいるのである。

愛国心で国民の結束を目指すトランプ

それでは、トランプ氏は深まる米社会の分断をどのように克服しようとしているのだろうか。その答えは極めてシンプルである。ずばり愛国心によってだ。トランプ氏は米国民の愛国心を高めることで、国民の一体感や絆を取り戻そうとしている。これはトランプ氏が一貫して発してきたメッセージであり、特に就任演説ではこう述べている。

「われわれの政治の根底にあるのは、アメリカ合衆国への全面的な忠誠であり、国家への忠誠を通して、われわれはお互いへの忠誠を再発見するだろう。ペイトリオティズム（愛国主義）に心を開くとき、偏見が入り込む余地はない。聖書はわれわれにこう教えている。『神の民が一つになって共に生きることは、なんと素晴らしく喜ばしいことか』と」

「われわれの兵士たちが決して忘れない古い格言を今こそ思い出そう。肌が黒くても、褐色でも、白くても、われわれは皆、同じ愛国者の赤い血が流れ、同じ輝かしい自由を享受し、同じ偉大なアメリカ国旗に敬礼するのだ」

米国民であることを第一に考えれば、人種、民族、宗教、性別、性的指向などさまざまな相違を乗り越えられるはずだ、トランプ氏はそう訴えているのである。トランプ氏が掲げる「米国第一」は、世界で米国の利益を最優先するという対外的な意味だけでなく、愛国心で結束を取り戻すという国内向けのメッセージでもあることを理解しなければならない。

また、トランプ氏は２０１７年2月の演説で、「我々は人々に米国に来てほしいと思っている。だが、米国と米国の価値観を憎むのではなく、愛してもらいたい」とも述べている。新たにやって来た移民が米国の伝統や価値観を受け入れるという愛国的同化の重要性を強調したものだ。

過激な言動で社会の分断を助長していると常に批判されるトランプ氏だが、実は米国を一つにまとめることを目指しているのである。ニュート・ギングリッチ元下院議長は、著書『トランプのアメリカ』でこう指摘している。

「トランプ大統領下でのアメリカの『偉大な復活』の重要な鍵は、我々を再び『一つの国家』にする共通の価値観でまとめようとする努力である。こう言うと驚かれるかもしれないが、それはトランプ大統領の移民政策が差別的であると主張するメディアの語り口とは逆だからであろう」

一般的に、ナショナリズムを煽ることは危険視されがちだ。だが、ヘリテージ財団上級研究員のマイク・ゴンザレス氏は、この見方に反論する。

「社会の分断は愛国的な感情を促すことによって癒やすことができる」

国民主権に反するグローバリズム

日本ではほとんど知られていないが、トランプ政権のホワイトハウスで読まれている1冊の本がある。ハドソン研究所上級研究員のジョン・フォンテ氏が2011年に出版した『Sovereignty or Submission（主権か服従か）』である。グローバリズムから国家主権を守る重要性を説いたものだ。

この本は、トランプ氏の国連演説に大きな影響を与えたとされ、トランプ氏は国家主権を意味する「sovereignty」「sovereign」という単語を2017年の国連演説では21回、2018年は10回使っている。

ワシントンでフォンテ氏にインタビューした際、同書を贈呈された。450ページもある分厚い本で、正直、「すべて読むのは骨が折れるな」と思ってしまった。だが、フォンテ氏によると、この本で言いたかったことは、たった2語で要約できるという。その2語とは何か。「Who decides?《フー・ディサイズ》（誰が決めるのか）」である。

つまり、外交や通商、税制など国家の政策を決めるのは誰なのか。国民なのか、国際機関なのか。本の題名が示す通り、国家主権を守るか、国際機関に服従するか、米国はどちらを選ぶのかと問うたのが同書なのである。

トランプ氏は２０１８年9月の国連総会で、世界各国の代表者に向かってこう宣言した。

「われわれは決して、選挙で選ばれていない、説明責任を負わないグローバルな官僚機構にアメリカの主権を放棄しない。アメリカはアメリカ人が統治する。われわれはグローバリズムのイデオロギーを拒否し、ペイトリオティズム（愛国主義）の原則を信奉していく」

日本の大手メディアは演説を「グローバル化拒絶」（日本経済新聞）、「国際協調無視」（読売新聞）などと批判したほか、演説の最中に会場から失笑が漏れたことを取り上げ、「自ら『世界の笑いもの』に…」（毎日新聞）、「トランプ氏、国連で孤立」（朝日新聞）などと茶化すような報道が目立った。

これらは完全に的外れな見方である。そもそもトランプ氏はグローバル化や国際協調を否定するとは一言も言っていない。交通・輸送手段や情報技術（ＩＴ）の飛躍的な進歩により、ヒト、モノ、カネ、アイデアが世界を自由に行き来するようになった現代社会を後戻りさせようとは全く思っていない。国際協調の重要性についても強調している。トランプ氏が拒否すると宣言したのは、あくまでイデオロギーとしてのグローバリズムである。

では、グローバリズムのイデオロギーとは一体何か。それは、国家が主権の一部を国家の上位に立つ超国家機構に移譲し、その国際機構が政策決定や問題解決に当たる「グローバル・ガバナンス」を目指すという考え方だ。

それぞれの国が国家のエゴを捨て、主権を放棄するというのは、一見、崇高な理想に見える。だが、トランプ氏が演説で指摘したように国際機構のエリート官僚たちは、選挙で選ばれるわけではない。民意を反映しない組織に主権を移譲して統治させるのは、明らかに非民主的である。トランプ氏はグローバル・ガバナンスという非民主的な統治構造を拒否すると言ったのである。

フォンテ氏が著書で問うた「Who decides?」の答えは極めて明快だ。国家の主権は政府ではなく国民にあるというのが、米国の建国の理念である。

トランプ氏は2017年の国連演説で「アメリカ合衆国憲法が最も偉大なのは、美しい3語で始まることだ。それは『ウィー・ザ・ピープル（われら人民）』だ」と強調したが、憲法は国民が米国の主権者であることを明確にしている。政府ではないのだ。ましてや国際機構では決してない。

また、1776年の独立宣言は、創造主から与えられた不可侵の権利を守るために、「人々の間に政府が樹立され、政府は統治される者の合意に基づいて正当な権力を得る」と明記している。政府は主権者たる国民の合意によって権力が付与されるという原則をはっきり示したものだ。

合衆国憲法の主要な執筆者で「憲法の父」と呼ばれるジェームズ・マディソン第4代大統領は、憲法批准を推進するために書かれた85編の連作論文「ザ・フェデラリスト」の第46編で、政府は「人民の代理人、受託者」であり、「最終的な権力は人民だけに属する」と主張した。

結局、トランプ氏の国連演説は、主権者は国民であり、国民が政府や国際機関に支配されることがあってはならないという普遍的な民主主義の原則を強調したにすぎない。これが強い批判を集めた事実は、グローバリズムのイデオロギーが国際社会に深く浸透していることを如実に物語っている。

国際機関が米国のパワーを縛る

グローバル・ガバナンスの悪しき例を議論する時、トランプ政権が真っ先に挙げるのが、大量虐殺や戦争犯罪を行った個人を裁く国際刑事裁判所（ICC、本部オランダ・ハーグ）である。

トランプ政権とICCの対立の発端は、ICCのファトゥ・ベンスダ検察官（ガンビア元法相）が2017年11月に、米軍や中央情報局（CIA）がアフガニスタンで行った戦争犯罪の可能性について正式捜査を請求したことにある。ICCの加盟国ではない米国がなぜ裁かれなければならないのか。米国が承認していない組織が米国民を裁くのは「合意に基づく統治」の原則に反するものであり、トランプ政権は国家主権の侵害だと烈火のごとく反発した。万一、ICCが米兵や政府当局者を捜査・起訴するなら、ICCの検察官や判事を逆に制裁や訴追の対象にすると警告した。

結局、ICCの第2予審裁判部は2019年4月、ベンスダ検察官の請求を退け、米政府の激しい抵抗が功を奏した形だ。だが、ICCが捜査を断念したのは、あくまで捜査が困難であることなどが理由で、米国を捜査する権限があることははっきり認めている。アフガニスタンはICCに加盟しており、犯罪が加盟国の領土で起きた場合はICCに管轄権が発生するというのだ。

「これは勝利ではあるが、米国とICCの根本的な争いは解決していない」。ヘリテージ財団のブレット・シェーファー上級研究員はこう指摘し、ICCは将来、米国民を再び戦争犯罪で裁く可能性があると警告した。

グローバル・ガバナンスを推進する、いわゆるグローバリストたちは、米国を世界の問題児と見なし、超国家機構や国際的な規範に従わせることで、米国のパワーや海外での軍事行動を抑え込むことを狙っている。それが極めて分かりやすい表現で示されたのが、2002年にメキシコのホルヘ・カスタニェダ外相（当時）が「私はガリバー（旅行記）の例えが大好きだ」と語った発言だ。カスタニェダ氏は米国を小人に縛り付けられたガリバーに例え、米国の行動を「規範や原則、決議、合意、二国間・地域・国際的な協定」で抑えるべきだという考えを示したのである。

トランプ政権とは対照的に、グローバル・ガバナンスを熱烈に信奉していたのがオバマ政権である。ヒラリー・クリントン国務長官は2009年8月、訪問先のケニアで、米国がICCに加盟していないことを「極めて遺憾」だと述べた。クリントン氏の下で国務省政策企画局長を務めたプリンストン大学名誉教授のアン・マリー・スローター氏をはじめ、要職は米国のパワーを国際的な枠組みによって抑制しようとするグローバリストに占められていた。

国家主権の意識が乏しい日本人

20世紀の政治体制をめぐる対立軸が民主主義と全体主義であったとすれば、21世紀の対立軸は民主主義陣営内にある――。

米国の保守派内ではこのような見方が広がっている。各国家が自分たちで統治する国家主権の原則を維持するか、超国家機構に統治を委ねるグローバル・ガバナンスを推進するか、の対立である。この対立軸は、トランプ氏の国連演説が明確に浮き上がらせたと言える。

英国がグローバル・ガバナンスの象徴とも言える欧州連合（EU）からの離脱を決めた「ブレグジット」も、こうした対立軸が鮮明になってきた中で出てきた現象である。英国だけでなく欧州各国で反EUを掲げる勢力が台頭している。

「国家主権を取り戻す考えは極めて重要だ。主権国家でなければ、真の自由国家にはなれない」

筆者の取材にこう強調したのは、英国出身で米英関係研究の第一人者であるヘリテージ財団のナイル・ガーディナー氏である。英国ではグローバリズムではなく、国家より上位にある主体への主権移譲を意味する「スープラナショナリズム（超国家主義）」という言葉が使われるそうだが、ガーディナー氏は超国家主義への反発という点で、米国の「トランプ現象」と英国の「ブレグジット」には決定的な共通点があると指摘した。

「トランプ氏は超国家主義への反対を『米国第一』と呼び、英国では自国の運命、将来、国境は自分たちで管理するという『自決権』『国家アイデンティティー』と理解されている。ブレグジット指導者たちの主張は、英国の国家主権をEUから取り戻し、国益を第一にするという点で、トランプ氏の米国第一の主張と同じだ。英国の有権者はブリュッセル（EU本部）や他の国々に支配されたくないという明確なメッセージを送ったのだ」

米国の保守派の間で注目を集めるイスラエルの思想家ヨラム・ハゾニー氏は、国家主権とグローバル・ガバナンスの対立軸について極めて重要な問題提起をしている。ハゾニー氏によると、この対立軸は自動的に消え去ることはない、どちらを取るのか「選択」しなければならない、というのである。

トランプ政権は「グローバリズムのイデオロギーを拒否する」と宣言し、国家主権を守る道をはっきり選択した。これに対し、日本はどちらを選ぶのか。国連など国際機関に過度な幻想を抱く日本人は、国家主権の意識が薄い。大手メディアがトランプ演説を「自ら『世界の笑いもの』に…」などと見下すような報道に終始しているようでは、多くの日本人は21世紀の対立軸の存在にすら気付いていないだろう。

北方領土、竹島、尖閣諸島と、日本の主権が他国に侵害される状況が続く中で、国家主権を断固守る決意を表明したトランプ氏を、われわれ日本人は嗤《わら》う資格があるだろうか。

★第2章★

世界の常識を覆すトランプ外交

Ⅰ　中国の覇権の野望を叩く

トランプが砕いた「中国幻想」

米国は中国が経済発展すれば、いずれ政治も自由化していくという「幻想」にとらわれている――。

元ロサンゼルス・タイムズ紙北京支局長のジェームズ・マン氏が著書『The China Fantasy（チャイナ・ファンタジー）』（邦題『危険な幻想』）で、こう喝破したのは2007年のことだ。実際、ニクソン政権からオバマ政権に至るまで、中国への「関与」を続ければ、変革を誘導できるという考え方が米国の歴代政権の対中政策を支配してきた。

クリントン大統領は、中国の経済改革が「時とともに自由の精神を育てる」と述べ、ブッシュ（子）大統領も「経済が改革され、自由への扉がいったん開かれたなら、その扉はもはや閉じることができない」と主張した。だが、現実はどうか。中国は平和的な民主国家になるどころか、一段と強権体制を強め、米国が築いた国際秩序を脅かしている。中国の発展を積極的に支援する関与政策は、逆に強大なライバルを生み出すという想定外の結果をもたらしてしまったのである。

米国の対中政策が劇的に変わり始めたのは、トランプ政権が誕生してからだ。2017年12月の「国家安全保障戦略（NSS）」は、関与によってライバルをパートナーに変えられるという仮定は「誤りだったことが判明した」と明記した。マイク・ペンス副大統領も、2018年10月にハドソン研究所で行った対中政策演説で「歴代政権は中国の自由が経済的だけでなく、政治的にも拡大されることを期待した。だが、この希望は達成されなかった」と述べた。いずれも関与政策の失敗を認めるものである。

米国はようやく「中国幻想」から目覚めたのか。それを確かめるべく、2018年末にワシントンに飛び、1カ月ほど集中的に米中関係を取材した。そこで目の当たりにしたのは、対中強硬論のオンパレードだった。議会の公聴会やシンクタンクのセミナーに登場した議員や専門家が、党派を超えて辛辣な中国批判を繰り広げていた。中国を見る米国の目が様変わりしたことは確かだった。

ワシントン特派員時代の12年間、米国の対中政策をウオッチしてきた者からすると、このような劇的な変化を見るのは大きな驚きだった。というのは、中国の急速な軍拡や残忍な人権弾圧などをめぐり、米国内で対中批判が高まることがたびたびあったが、それでも関与政策が最善だという強固な確信が揺らぐことはなかったからだ。

米国の歴代政権やワシントンのエリート層が関与政策以外に選択肢はないと頑なに信じ続けるのを見て、これはもはや合理的な政策判断というより、宗教的信念に近いのではないか、そんな印象すら受けたものだ。マン氏も『チャイナ・ファンタジー』で、中国への関与を続ければいずれ中国は民主化するという考え方を「アメリカの対中政策を動かしてきた宗教」だと喝破していた。

米政府や議会で中国分析を長年担当してきたマイケル・ピルズベリー氏は、2015年に出版した著書『The Hundred-Year Marathon（100年マラソン）』で、中国は建国100周年の2049年までに米国から世界の超大国の座を奪う「秘密戦略」を隠し持っていると警鐘を鳴らした。『China 2049』のタイトルで邦訳され、日本でも反響を呼んだ本である。米国で同書が出版される前に、日本のメディアで一番最初にピルズベリー氏にインタビューしたのは筆者だったが、その時、同氏はあきらめ顔でこう言っていた。

「米国が対中政策を改めるのは困難だろう。中国に隠れた意図はないとする固定観念が強すぎるからだ」と。筆者が「このままだと中国が超大国になる時代が来るということか」と尋ねると、「そうだ」と言い切り、米国は中国との覇権争いに敗れるという悲観的な見通しを示したのだった。

ピルズベリー氏があきらめていたように、米国内を支配する岩盤のような対中政策の

「常識」を覆すのは困難だと思われていた。だが、これを一気に打ち砕いたのがトランプ氏である。

もちろん、オバマ政権の後半から対中政策の転換を求める声が出始めていたことは事実だ。民主党のヒラリー・クリントン候補が大統領になっていたとしても、対中政策の見直しはある程度行われていただろう。だが、ちゃぶ台をひっくり返すような全面的な政策転換は、過去の「常識」にとらわれない「非常識」なトランプ氏にしかできなかった。

トランプ政権がこれまでタブー視されてきた貿易戦争にまで踏み込んだことで、中国をめぐる米国内の議論に「聖域」はなくなった。ワシントンでは経済だけでなく、軍事、外交、ハイテク、人権、イデオロギーなどあらゆる分野で、中国にどう対抗し、競争に勝つか、という議論が活発に行われるようになった。

中国の軍事動向に詳しいトシ・ヨシハラ米戦略予算評価センター上級研究員は、この状況を次のように評した。

「中国の台頭、習近平国家主席の野心を考えると、われわれには時間の余裕がない。多くの決断を早急に下さなければならない。その中で、トランプ氏が中国をめぐる議論の方向性や焦点を劇的に転換したことは、米国の政策コミュニティーに与えてくれたギフト（贈り物）だ」

「パンダハガー」も失望

米国では親中派のことを「パンダハガー」と呼ぶ。中国のシンボルであるパンダを抱く人という意味だ。パンダハガーの代表的な人物が２０１８年11月にシンガポールで行った演説が、様変わりした米中関係を象徴していた。

「中国の経済開放が遅いため、米経済界は（中国の）擁護者から懐疑派に変わり、これまでの対中政策に反対さえするようになった」

こう語ったのは、米金融大手ゴールドマン・サックスの会長兼最高経営責任者（ＣＥＯ）を経て、ブッシュ（子）政権で財務長官を務めたヘンリー・ポールソン氏である。ゴールドマン・サックス会長時代、中国を70回以上訪問し、対中投資に力を注いだ米経済界屈指の中国通で、財務長官としては米中の経済閣僚らが一堂に会する「米中戦略経済対話」を立ち上げた人物だ。

冷戦時代、米国が中国に接近したのは、主にソ連の脅威に対抗するという安全保障上の理由からだった。そのソ連が消滅した時、対中関与政策の意義が問われたが、その継続を熱烈に支持したのが中国市場への進出を狙う経済界だった。中国の経済発展は政治の自由化をもたらすという「幻想」は、共産党一党独裁国家とのビジネスを正当化する上で好都合だった。

だが、ポールソン氏が指摘したように、経済界では今、一向に改められない中国の不公正貿易慣行や知的財産権侵害などに失望が広がっている。経済界が今までのように中国を積極的に擁護しなくなったことは、米政府を強硬路線に傾かせる大きな背景になっている。

経済界とともに、関与政策の強力な支持者となってきたのが、対中コンサルタント業務で儲けるヘンリー・キッシンジャー元国務長官ら元政府高官と、大企業から資金提供を受けるシンクタンクだ。過去半世紀近くにわたり、関与政策が維持されてきたのは、中国マネーが直接または間接的に米国の政策コミュニティーに流れ込んでいたことも大きい。

だが、この構造も崩れ始めている。その一例と言えるのが、フーバー研究所とアジア・ソサエティーが2018年11月に発表した報告書だ。米国内における中国の影響力拡大に警鐘を鳴らす内容だが、注目すべきは、1971年のキッシンジャー氏の極秘訪中に同行したウィンストン・ロード元駐中国大使や、オバマ政権で対中融和路線を主導したエバン・メデイロス元国家安全保障会議（NSC）アジア上級部長ら、これまで関与政策を支持してきた親中派の有力者が報告書をまとめたワーキング・グループに名を連ねていることだ。

対中関与派の〝転向〟について、ワーキング・グループの一人で中国の産業スパイ活動に詳しいジェームズ・マルベノン氏は、ワシントン・ポスト紙に「中国が国際舞台で台頭するのを手助けする試みは大失敗に終わったという全世代の中国専門家たちの幻滅を示すものだ」と指摘した。

「経済的な鉄のカーテン」が下りつつある——。ポールソン氏は米中関係の先行きをこう悲観したが、米国内に中国を擁護する「応援団」がいなくなりつつあることは、米中の対立が一時的なものではなく長期に及ぶことを予感させる。

貿易戦争で中国パワーの源泉を叩く

冷戦時代、米ソの核戦争を抑止したのは「相互確証破壊」だった。核攻撃を行えば報復核攻撃を受けて相互に破滅するという「恐怖の均衡」が両国の行動に歯止めをかけた。

これに対し、米中には「経済版相互確証破壊」が存在すると言われてきた。経済的な相互依存関係が深化した結果、関税の大幅引き上げなどの措置を取れば、報復を招いて両国の経済は大打撃を被る。だから、貿易戦争など論外、というのが米国内で対中政策を支配していた「常識」だった。

だが、こうした概念は、常識にとらわれないトランプ大統領には無関係だった。むしろ、深まった経済関係をカードにして中国に圧力をかけているのがトランプ氏だ。逆転の発想である。

米中の貿易戦争はもはや、米国の巨額の貿易赤字が縮小すれば、収束していくという単純な構図ではない。トランプ政権が中国製品に関税を課した真の狙いが、中国企業への不当な補助金や先端技術窃取など、国家資本主義に基づく中国の「構造問題」を改めさせることにあるからだ。

ペンス副大統領はハドソン演説で、中国は２０１５年に策定した産業政策「中国製造２０２５」を通じ、「世界の最先端産業の90％を支配することを目指している」と非難した。トランプ政権は、国家主導の産業政策の背後にある「ハイテク覇権」の野望を封印することまで視野に入れている。

貿易戦争の狙いは、それだけにとどまらない。中国との長期的な覇権争いに勝つために、トランプ政権が打った「勝負の一手」と見る必要がある。前出のヨシハラ氏は、こう指摘する。

「経済力がなければ、『中国の夢』は実現できない。支配的な軍事パワーにもなれない。経済こそが競争の礎なのだ。トランプ政権はこれを理解している。貿易戦争を仕掛けた根底にある狙いは、中国からパワーの礎を奪うことだ」

中国は軍事力の近代化や中国主導の経済圏構想「一帯一路」などを精力的に推し進めて米国の覇権に挑戦しているが、これらのプロジェクトの資金源を縮小することが、トランプ政権が貿易戦争を仕掛ける本当の狙いだというのだ。

元海上自衛隊自衛艦隊司令官の香田洋二氏は、もっと露骨な表現で貿易戦争の意図を解説した。

「米国は太平洋戦争で日本に対してやったように、中国を経済的に破綻させようとしている」

トランプ政権は国家安全保障戦略（NSS）で「大国間競争」が再び幕を開けたとの認識を示したが、米国の著名な国際政治学者ウォルター・ラッセル・ミード氏によると、大国間競争では経済的利益より地政学的目標が優先されるという。競争が国際秩序を規定する地政学の時代に戻ったことを踏まえれば、貿易戦争が経済に悪影響を与えたとしても、トランプ政権は安易に「妥協しない」（香田氏）と見るべきだろう。

ニューヨーク・タイムズ紙によると、前出のピルズベリー氏の著書『100年マラソン』はトランプ政権内で広く読まれ、「中国の台頭がもたらす脅威に対し、より強硬な対応を推し進めるホワイトハウスの道しるべになっている」という。米国から覇権を奪おうとする中国の100年戦略に、トランプ政権は全面的に対抗しようとしていることが分かる。

トランプ氏の言動に一貫性がないため、中国と中途半端なディール（取引）に応じてしまうのではないかという懸念は常に付きまとう。ただ、米ソ冷戦でもデタント（緊張緩和）があったように、米中新冷戦も対立と緊張緩和を繰り返しながら、進んでいく可能性が高い。従って、米中が貿易問題で何らかのディールに達したとしても、それで試合終了とはならない。ボクシングのようにインターバルを挟みながら、第2、第3ラウンドへと進んでいくことになるだろう。

対中強硬路線は米国内で共和党右派から民主党左派に至るまで党派を超えたコンセンサスとなっており、長期的な米中対立の構図は変わらないと見るべきである。

「ハイテク覇権」は渡さない

何者かがニューヨーク市内の全世帯のエアコンを操作し、設定温度を一斉に数度変えてしまった。すると、発電所がパンクし、大規模な停電が発生、街中が暗闇に包まれてしまう――。映画のワンシーンのようなこんな事態も、次世代通信規格「5G」の時代は絵空事ではなくなるのだ。

トランプ政権が国内外の5G網の構築で、中国の通信機器最大手、華為技術（ファーウェイ）の排除に危機感を持って動いているのは、5Gがもたらすインパクトがそれだけ大きいからにほかならない。社会、経済、軍事に至るまで甚大な影響をもたらす21世紀の基盤インフラの整備で、共産党と企業が一体の国家体制である中国が主導権を握ることは、重大な安全保障上の脅威となる。

5G時代は自動運転や遠隔医療など劇的な生活の利便性向上が期待される半面、あらゆるモノやサービスがインターネットとつながることは、それだけサイバー攻撃のリスクを高めることになる。全世帯のエアコンを一斉に遠隔操作するといった事態が起きることも否定できないわけだ。

万一、中国政府の命令でファーウェイの5G関連機器にバックドア（裏口）と呼ばれるデータの抜け道が仕込まれた場合、すべての情報が筒抜けになり、サイバー攻撃も自由に仕掛けられてしまう。米国のサイバーセキュリティー企業フィニット・ステートが2019年6月に公表した報告書によると、同社が調査したファーウェイ製品の55％からバックドアのアクセスポイントが見つかったという。

中国が2017年に施行した「国家情報法」は、「いかなる組織・国民も国家の情報活動に協力しなければならない」と明記している。中国にはライバル国に勝つためならどんな手も使う「意図」があり、中国製の5G網はその意図を行動に移す「能力」をもたらすことになる。

トランプ氏は2019年5月、国家安全保障に深刻な脅威をもたらす恐れのある外国企業の通信機器の利用を禁止する大統領令に署名し、ファーウェイを米市場から事実上締め出した。さらに、トランプ政権は同盟国に対しても、ファーウェイ排除を要求している。同盟国がファーウェイ製の5G網を導入すれば、機密情報の共有や共同軍事作戦に深刻な悪影響をもたらす恐れがあるためだ。

トランプ政権はファーウェイ製の5G網を導入した国とは特定の情報を共有することができなくなると警告し、同盟国や友好国に米国と中国のどちらを取るのか、選択を迫っている。日本は政府調達からファーウェイ製品を排除したが、米中の狭間に立つ国々は難しい判断を迫られている。

「東南アジア諸国はどちらかを選ばないといけない状況になりつつある」。5Gを念頭に置いたものではないが、シンガポールのリー・シェンロン首相が2018年11月に述べたこの発言が、米中の勢力圏争いで世界が分断されつつある現状を端的に表している。そうした潮流の中で、5Gが具体的な「踏み絵」となっているのだ。

重要なのは5Gだけではない。ロシアのプーチン大統領は人工知能（AI）をリードする国が「世界の支配者になる」と主張しているが、AIや量子コンピューターなどを含めたハイテク競争が21世紀の国際秩序を大きく左右することになる。

米情報機関がまとめた2019年版「世界脅威評価」報告書は、「軍事・経済の競争力を促進するイノベーションは2019年以降、ますます米国以外から出てくるだろう」と予測した。科学技術分野で米国が維持してきたリードが中国の台頭によって急速に縮小しているというのだ。

トランプ政権は中国が巨額の補助金をつぎ込むハイテク産業育成戦略「中国製造2025」を批判し、撤回を求めているが、公平な競争環境を要求するだけでは、中国とのハイテク競争に勝つことはできない。米国自身も科学技術振興に大規模な投資をして、米国の優位を取り戻さなければならない。

米国は冷戦時代、ソ連が1957年に人類初の人工衛星「スプートニク1号」の打ち上げに成功したことにショックを受け、科学技術予算を劇的に増やした。トランプ政権もAIや5G、量子コンピューターなど最先端技術の開発を強化する方針を明らかにしているが、かつての「スプートニク・ショック」のように「中国ハイテクショック」がどの程度、科学技術予算の増加に向かわせるのか。これは米中新冷戦の行方を左右する重要なカギである。

揺らぐ米国の軍事的優位

2024年×月××日――。中国人民解放軍が台湾に対して空爆とミサイルによる奇襲攻撃を開始した。台湾海軍に壊滅的な打撃を与えた後、上陸作戦にまで着手した。中国がついに台湾併合に乗り出したのだ。

米軍が介入しなければ、台湾は中国の手に落ちてしまう。だが、中国が米軍の戦力展開を阻む「接近阻止・領域拒否（A2AD）」能力を増強してきた結果、西太平洋の大部分は既に米軍が容易に近づけない「立入禁止」区域となっていた。甚大な犠牲を払ってでも、台湾を防衛すべきかどうか。ホワイトハウス地下にあるシチュエーションルーム（作戦司令室）では、緊迫した空気が張り詰める中、次のようなやり取りが交わされていた。

国防長官「ミスター・プレジデント、国力を総動員した長期戦となれば、おそらく中国に勝つことができるでしょう。しかし、膨大な数の艦船と航空機、そして数千人規模の米兵を失うことになります」

大統領「中国による台湾併合を許せば、米国の威信と地位は失墜してしまう。だが、それを避けるには、恐るべき犠牲を覚悟しなければならないというのか。一体どうすればいいのか……」

これは、米議会が設置した超党派の諮問機関「国家防衛戦略委員会」が2018年11月の報告書で提示した、今後、起こり得るシナリオの一つにアレンジを加えたものだ。

米国はソ連との冷戦に勝利した後、唯一の超大国として圧倒的な軍事的優位を謳歌してきた。だが、2001年の同時テロ以降、米国が中東での対テロ戦争に引きずり込まれている間、中国は猛烈な勢いで軍事力を増強し、米国との差を縮めてきた。

米国防総省は2018年1月の「国家防衛戦略（NDS）」で、ようやくテロとの戦いから中国やロシアとの「大国間競争」に重点をシフトすると宣言した。だが、前述の国家防衛戦略委員会の報告書は「米軍は中国、ロシアとの戦争に負けるかもしれない」と警鐘を鳴らすほど切迫した状況になっている。「ウサギとカメ」の童話ではないが、米国がのんびり構えているうちに中国はすぐ後ろにまで迫って来ていたのである。

ポール・セルバ米統合参謀本部副議長は2018年6月、ワシントン市内での講演で、2020年代前半に軍事技術で中国に並ばれ、2030年代には追い抜かれる可能性があると警告した。中国が軍事技術でも米国を猛追しているのは、対米戦略の柱として技術革新を重要視してきたからにほかならない。

オバマ前政権で国防総省高官を務めたグレッグ・グラント氏は、ワシントン・ポスト紙に米国の対中軍事的優位は「わずか1・1倍」にすぎないと指摘した。米国が保つリードはほんのわずかなのだ。

米国の軍事専門家の間では、米中間で実際に軍事衝突が起きるシナリオに懸念が強まっている。有力シンクタンク、新米国安全保障センター（ＣＮＡＳ）のロバート・カプラン氏は、外交専門誌「フォーリン・ポリシー」に掲載された論文で、米中軍事衝突の確率は「50％に遠く及ばない」としながらも、「可能性は大きく上昇している」と分析した。恐るべきことに、核兵器への恐怖感が衝突を抑止した米ソ冷戦時代とは異なり、米中当局者の間では核使用の抵抗感が薄れてきているというのである。

米中新冷戦が「熱戦」に発展するのを防ぐには、とにかく抑止力を高め、中国が野心的行動に出るのを思いとどまらせる以外に道はない。トランプ政権は米軍の規模を縮小したオバマ前政権の路線を転換し、国防費を増額して米軍再建に取り組んでいる。

ロバート・ワーク元国防副長官がワシントン・ポスト紙に明かした内容によると、同氏はオバマ政権で差し迫る中国の脅威を軍事戦略ではっきり明示しようとしたが、中国との対立を煽りたくない政権幹部の反対でできなかったという。これに対し、余計な対中配慮はしないトランプ政権ではそうした制約は取り除かれ、中国の脅威に正面から向き合うようになった。

崩れ始めた中国に対する軍事的優位を再構築する取り組みは「待ったなし」であり、日本も米国との同盟強化と自主防衛力の増強により、対中抑止力を高めていくことが急務である。

人類史上最悪の統制国家

「中国は新たな収容所群島だ」――。

ワシントンのシンクタンク、ケイトー研究所が2018年11月に開催した中国新疆ウイグル自治区の人権侵害をテーマにしたシンポジウムで、司会者からこんな強烈な意見が表明された。

旧ソ連の作家アレクサンドル・ソルジェニーツィンは、著書『収容所群島』で、多くの人民が投獄され、拷問や処刑を受けた強制収容所の実態を告発したが、100万人以上ともいわれるウイグル族を収容所に拘束する中国は「現代の収容所群島」だというのである。

シンポジウムでパネリストを務めたアトランティック誌の女性記者の発言も衝撃的だった。ユダヤ人家庭に生まれ、親族からアウシュビッツ強制収容所を逃れた話などを聞いて育ったことを紹介しながら、中国のウイグル族迫害をホロコースト（ユダヤ人大虐殺）と重ね合わせたのである。

このように、少数民族の抑圧や人権活動家の弾圧、インターネット検閲などを強化する中国を、米国ではソ連やナチス・ドイツと同列視する見方さえ出ているのだ。激化する米中対立は経済問題が最大の焦点だが、人権問題も米国の態度を硬化させる大きな要素となっている。

情報技術革命は中国に自由をもたらすと期待されたが、中国政府は逆に新たな技術を国民の監視・統制に利用している。中国政府は国内に設置した2億台の監視カメラを6億台以上に増やす計画で、最先端の顔認証技術と合わせ、当局は誰がどこで何をしているか、即座に把握できるようになる。

また、中国の異質さを示すのが、政府が全国民を行動や思想で格付けする「社会信用システム」だ。品行方正で政府に従順な人ほど信用スコアが高く、社会サービスで優遇を受けられる一方、スコアが低いと公共交通機関の利用を制限されるなどの「罰」がある。米メディアによると、2018年5月までにスコアの低い1100万人が航空機、400万人が高速鉄道のチケットを購入できなかったという。中国社会で生きていくにはスコアを上げなければならず、そのためには政府に服従しなければならないのだ。

ワシントン・タイムズ紙編集顧問のデービッド・キーン氏は、同紙に掲載された論評で、英作家ジョージ・オーウェルが近未来小説『一九八四年』で描いたような監視社会が「現代中国で急速に現実化している」とし、先端技術を用いて全国民の行動や思想を監視・統制する中国の体制は「ヒトラーやスターリンも実現できなかったものだ」と論じた。中国はまさに人類史上最悪の統制国家になろうとしている。

5G網をめぐる米中のせめぎ合いは、人権問題の観点からも重要な要素である。ジェームズ・クラッパー前国家情報長官（元空軍中将）ら元米軍幹部6人は2019年4月、連名で発表した声明で「中国の5G技術と関連デジタル機器が他国に輸出されることは、悪質なハイテク全体主義を助長することになる」と警告した。ハイテク機器を活用した中国の監視社会モデルが輸出され、世界各地で残忍な独裁者の支配体制が強化されることは、その国々の国民にとって悪夢であるだけでなく、日本を含む自由世界に対する深刻な脅威である。

現時点では、人権問題は米中間の主要争点になってはいない。だが、今後はイデオロギーの戦いがカギを握ることになるだろう。レーガン政権で対ソ連情報戦略の立案に携わったジョン・レンチャウスキー世界政治研究所所長もそう主張する一人だ。

レンチャウスキー氏は、筆者の取材に「冷戦時代、ソ連を悪い共産主義、中国を良い共産主義と区別したのは戦略的大失敗だった。人間の尊厳を否定する共産主義はすべてが悪だ」と断じた上で、こう指摘した。

「軍事的、経済的な圧力も重要だが、最終的には中国国民が自分たちの足で立ち上がり、人間の尊厳を取り戻せるように後押ししなければならない。勝負を決めるのはイデオロギーの戦いだ」

米朝首脳会談から見えたもの

トランプ氏が1987年に出版した自伝『The Art of the Deal（取引の技法）』（邦題『トランプ自伝』）は、不動産ビジネスで培ったトランプ流交渉術を披瀝したものだ。その中に次の一節がある。

「大事な取引をする場合は、トップを相手にしなければラチがあかないのだ。その理由は、企業でトップでない者はみな、ただの従業員にすぎないからだ。従業員は取引を成立させるために奮闘したりしない。賃上げやボーナスのためには頑張るが、上司の機嫌をそこねるようなことはしないよう気をつける」

トランプ氏が外交の常識に反して実務者協議をすっ飛ばし、いきなり北朝鮮の金正恩朝鮮労働党委員長との首脳会談に踏み切った背景に、重要な取引はトップダウン方式が最も効果的だという交渉哲学があったからである。

トランプ氏は2018年6月に史上初の米朝首脳会談をシンガポールで、翌年2月に2回目の会談をベトナム・ハノイでそれぞれ開催した。さらに、同年6月には朝鮮半島の南北軍事境界線にある板門店で3度目の電撃会談を行った。だが、北朝鮮非核化の道筋は見えておらず、トランプ流トップ外交はまだ具体的な成果が出ていない状況である。

筆者はシンガポールとハノイでの米朝会談を現地で取材したが、そこで強く感じたのはトランプ政権内の調整不足だった。２００3年に非核化に合意したリビアのように、北朝鮮がまず核・ミサイルを全面廃棄した後で制裁解除・経済支援などの見返りを与える「リビア方式」を貫くのか、あるいは北朝鮮の要求に応じ、合意の履行に合わせて段階的に見返りを与える「行動対行動」で行くのか、政権内のスタンスが定まっていなかった。これでは非核化のロードマップ（行程表）をつくるのは難しい。

それでも、トランプ氏の対北トップ外交は、全体で見ればプラスのほうが大きいだろう。オバマ前政権が取った「戦略的忍耐」は事実上、何もしないという政策であり、北朝鮮の核・ミサイル開発の進展を許す結果を招いた。それが２０１7年の北朝鮮による相次ぐ核・ミサイル実験につながり、朝鮮半島は一触即発の状況に陥った。万一、第2次朝鮮戦争が勃発すれば、膨大な血が流れるのは避けられない。トランプ氏が対話路線に舵を切り、金正恩氏と個人的な関係を築くことでそのリスクを低減させたことは評価して良い。

また、金正恩氏がすべてを決定する北朝鮮の政治体制を考えると、最終的に正恩氏本人が交渉のテーブルに着かない限り、意味ある合意は結べないことは紛れもない事実である。その意味で、トランプ氏が正恩氏を交渉に引っ張り出したことは、決して間違ったアプローチではない。トップ同士の個人的関係は交渉を続ける上で重要な資産と言える。

ハノイでの首脳会談は、北朝鮮が一部の核関連施設を廃棄する代わりに、米国が相応の見返りを与えるという「スモールディール（小さな取引）」で合意すると見られていたが、一転して決裂に終わった。2回目の首脳会談でも具体的な進展が得られなかったことは、外交的には失敗といえる。それでも、悪いディールを結ぶよりは「ノーディール」のほうが良かったというのが米国内の支配的な見方である。

レーガン大統領も1986年にアイスランドの首都レイキャビクで行われたソ連のゴルバチョフ書記長との首脳会談を決裂させている。米ソの中距離核戦力全廃条約がまとまらず、レーガン氏は強い批判を浴びたが、翌年、米国により有利な条約ができた。レイキャビク会談の決裂は「5年後のソ連崩壊に極めて重要な役割を果たした」（保守派コラムニストのマーク・ティーセン氏）ことから、米国の保守派はトランプ氏に対し、安易な譲歩は避け、レーガン氏のように交渉を決裂させる勇気を持つべきだと主張していた。

米中新冷戦と連動する北朝鮮問題

トランプ政権はそもそも、歴代政権とは全く異なるレンズで北朝鮮問題を見ている。トランプ氏の首席戦略官・上級顧問を務め、一時は「影の大統領」とまで呼ばれたスティーブン・バノン氏は、月刊誌『Ｈａｎａｄａ』２０１９年5月号のインタビューで次のように語っている。

「安全保障におけるトランプ大統領の最大の功績のひとつは、コリア（南北朝鮮）の問題が、より大きな『中国という問題』の一部、下位集合にすぎないと喝破したことです。それまで米国は、南北朝鮮と中国の問題を分けていました。（中略）アメリカと日本を劣勢に追い込んでいく道具であり手先が、南北朝鮮なのです」

スティーブン・バノン元米大統領首席戦略官

これは極めて重要な指摘である。米国の歴代政権は北朝鮮の核問題を中国問題と切り分け、中国に圧力をかけさせることで北朝鮮核問題の解決を目指してきた。だが、トランプ政権は中国が北朝鮮問題を「覇権奪取戦略」（バノン氏）の一部として利用していることを見抜き、米中覇権争いの従属問題に位置付けたというのである。

バノン氏は２０１７年８月に解任される直前、米メディアの取材に「私にとっては中国との経済戦争がすべてだ」と断言した上で、北朝鮮問題は「副次的な事柄にすぎない」と述べていた。政権を去ったバノン氏は影響力を失ったと見られていたが、同氏がレールを敷いた対中・対北政策はトランプ政権でしっかりと引き継がれている。

シンガポールとハノイでの米朝会談を現地で一緒に取材した同僚の上田勇実編集委員は、世界日報２０１９年4月19日付で、バノン氏の主張を裏付けるスクープ記事を飛ばしている。日本政府関係筋が明かした内容として、トランプ氏は2回目の米朝会談で金正恩氏に「米国陣営か中国陣営か選択を明確にするよう迫っていた」というのだ。トランプ氏が北朝鮮に中国ではなく米国の陣営に付くよう要求したことは、トランプ氏が北朝鮮問題を中国問題の一部と捉えていることを示している。

記事によると、「トランプ氏は核を完全廃棄し米国の味方につくなら大規模な経済支援に踏み切ると提案したが、金正恩氏は即答せず、会談は決裂した」という。中国が北朝鮮を手放すことはまず考えられない。北朝鮮自身も中国から離れたいと本音では思っていたとしても、現時点では不可能であることを理解している。正恩氏がトランプ氏の提案を事実上拒否したのは、必然的な結果である。

それでも、米国が北朝鮮を核・ミサイル問題だけでなく、中国との長期的な覇権争いに打ち勝つ地政学的戦略からも捉えるようになった意味は大きい。トランプ氏が２０１８年に北朝鮮との対話路線に舵を切った頃から、経済・貿易問題で中国に対する圧力の度合いを大幅に引き上げたのも決して偶然ではない。中国との貿易戦争にフォーカスするために北朝鮮問題を安定化させたいとの思惑もあったのだろう。

朝鮮戦争を共に戦った中朝は「血の同盟」と言われてきたが、中国の習近平国家主席は就任から5年以上、金正恩氏と一度も直接会ったことがなかった。ところが、トランプ氏が米朝会談の開催を発表すると、すぐさま正恩氏を北京に呼んだ。米朝が中国の頭越しで独自の関係を構築することを本気で恐れたのだろう。わずか1年余りの間に、習氏は２０１９年6月の訪朝を含め、正恩氏と5回も会談している。

中国はこれまで、「北朝鮮カード」を米国や日本を牽制する手段に利用してきたが、逆に米国が北朝鮮カードで中国を揺さぶる状況も生まれているわけである。

もちろん、トランプ政権が北朝鮮に関与する最大の理由は核問題の解決だ。だが、中国との覇権争いとも連動していることを見落としてはならない。日本も広範な戦略的視野に立ち、核・ミサイル・拉致問題の包括的解決を目指していくことが求められている。

Ⅱ　家庭と自由を守る価値観外交

途上国が反発した「文化帝国主義」

「家庭を破壊する思想的植民地化に警戒しよう」――。

フランシスコ・ローマ法王が2015年1月に訪問先のフィリピンで述べた発言が大きな波紋を広げた。

法王の言う「思想的植民地化」とは一体何を指すのか。マニラからローマに戻る機中で報道陣から質問を受けた法王は、先進国が経済援助を利用して途上国に異質の価値観を押し付け、その国を思想的に支配しようとすることだと説明した。

「私は思想的植民地化を直接見てきた」。そう語る法王は、途上国が先進国から学校建設の融資を受ける条件として、子供たちにジェンダー理論を教えることを押し付けられた事例を紹介した。子供たちに特殊な思想を教え込むのは、ヒトラーやムソリーニら「前世紀の独裁者がやったことと同じだ」と、痛烈な表現で非難した。

法王のこの発言は、途上国に同性愛や同性婚の受け入れを迫る欧米諸国の動きを念頭に置いたものだった。その3カ月前にバチカンで開かれた世界代表司教会議で、アフリカ諸国の司教がこの問題に強い懸念を表明していたからだ。法王は同年9月に国連総会で行った演説でも「思想的植民地化」を批判した。

米調査機関ピュー・リサーチ・センターが世界40カ国で行った2013年の世論調査によると、「同性愛は道徳的に許容できない」と答えた割合は、米国が37%、英国が17%、フランスが14%と、欧米諸国は軒並み低かった。これに対し、アフリカ諸国はガーナが98%、ウガンダが93%、ケニアが88%と、同性愛に対する抵抗感が極めて強いことが分かる。

そんな保守的な価値観を持つアフリカ諸国に対し、欧米諸国が同性愛行為を禁じた法律を撤廃するよう圧力をかければ、激しい反発が起きるのは当然のことだった。特に、アフリカ諸国には植民地支配された歴史があるだけに、経済力や影響力を振りかざし、相容れない価値観を強制的に受け入れさせようとする欧米のやり方を「文化帝国主義」だと非難した。

その「文化帝国主義」の先頭に立ったのがオバマ政権である。政権1期目に国務長官を務めたヒラリー・クリントン氏は在任中、性的少数者（LGBT）の国際的な権利向上を「外交政策の優先課題」と宣言した。これにより、世界各地の米大使・外交官たちは同性愛活動家と化し、ゲイパレードに参加したり、地元の同性愛者組織を支援することが重要な任務となった。

２０１１年には、イスラム教を国教とするパキスタンで、米大使館が同性愛者らを招いてＬＧＢＴ「プライド・セレブレーション」と題するイベントを開催した。同国最大のイスラム政党が「パキスタンに対する最悪の社会・文化的テロだ」と非難するなど猛反発を買った。

「米国はわれわれの国を（旧約聖書の神に滅ぼされた淫乱の町）ソドムとゴモラにしようとしている」――。

アフリカのキリスト教界からはこんな痛烈な批判まで飛び出した。17世紀に英国から信仰の自由を求めて米大陸に渡ったピューリタンは、全世界が道徳的模範として仰ぎ見る「丘の上の町」の実現を目指した。もし彼らが、リベラルな価値観を押し付け、他国の伝統やモラルを破壊するオバマ政権の姿を見たら、絶句したに違いない。

ブッシュ（子）政権が自由・民主主義の拡大を前面に押し出したように、米国の外交政策は時の政権が重視する価値観が反映される。オバマ政権でイデオロギーが色濃く表れたのが、この「ＬＧＢＴ外交」である。

「見せしめ」になったウガンダ

オバマ政権が超大国のパワーを振りかざし、途上国に同性愛の受け入れを強要したのは「弱い者いじめ」にほかならなかった。その最大の標的となったのが、アフリカ東部のウガンダである。前述のピュー・リサーチ・センターの調査では、93％が同性愛を道徳的に許容できないと回答した極めて保守的な国だ。

ウガンダがオバマ政権に目を付けられたのは、議会で同性愛禁止を強化する法案が提出されたためだ。ウガンダにはもともと、イギリス植民地の名残で同性愛行為を犯罪とする、いわゆるソドミー法があった。法案は18歳以下の若者らに対する「悪質な同性愛行為」を厳しく処罰するとともに、個人や団体が同性愛を助長することなどを禁ずる内容だった。

ウガンダでは当時、海外組織から資金提供を受けた同性愛者が子供たちを同性愛に〝リクルート〟しているとの証言があり、社会に大きな衝撃を与えていた。このため、法案は子供たちを同性愛から守ることに主眼が置かれた。

だが、当初の法案では「悪質な同性愛行為」は最高で死刑が適用されることになっていたため、欧米メディアは「キル・ザ・ゲイズ（同性愛者殺害）法案」と呼び、まるで同性愛者が全員死刑になるかのような印象を与えた。欧米諸国から激しい反発が巻き起こったのはそのためだ。法案は最高刑が死刑から終身刑に修正され、2014年2月に成立した。

法案に署名したヨウェリ・ムセベニ大統領は、異質の価値観を押し付ける欧米諸国を「社会的帝国主義」と非難した。「この議論はウガンダの学校にやって来て子供たちを同性愛にリクルートする西側グループによって引き起こされたものだ。問題を悪化させるより制限した方がいい」と述べ、あくまで子供たちを守るための措置であると強調した。

だが、オバマ政権はウガンダに対し、さまざまな制裁措置を発動した。宗教系組織に拠出する予定だったエイズ対策費がキャンセルされたことで、エイズ医療などに従事する職員が解雇される事態が起きた。また、ウガンダで実施される予定だった米軍と東アフリカ諸国の共同軍事演習が中止されるなど、制裁対象は軍事分野にも及んだ。ウガンダは地域安全保障の重要な同盟国であるにもかかわらずだ。欧州諸国や世界銀行も経済援助や融資を凍結するなどの制裁を科した。

こうした状況の中、ウガンダの憲法裁判所は同年8月、法案採決に不備があったと判断し、法律は結局、無効になった。

オバマ政権はウガンダに科した制裁措置を「他の国々が同様の法律を作るのを抑止す

る」ためだと明言した。オバマ政権の意向に背いたらどうなるか、ウガンダはその見せしめになったのである。

脅かされたエイズ予防の成功

ウガンダは奔放な性行動を抑制することでエイズウイルス（ＨＩＶ）感染率を大幅に低下させたことで知られる。そのウガンダが圧力の標的となったことは、「性の自由」をめぐる文化戦争の象徴的な出来事と言える。

ウガンダでは１９８０年代にＨＩＶ感染が爆発的に拡大するが、ムセベニ大統領が強力に推進した「ＡＢＣプログラム」と呼ばれる予防策が大きな効果を挙げる。ＡＢＣプログラムとは、①Abstinence《アブスティネンス》（結婚まで性交渉しない）②Be faithful《ビー・フェイスフル》（夫婦間の貞節を守る）③Condom《コンドーム》（危険な性交渉では避妊具を使用する）――の三つの柱から成る、性の自己抑制に比重を置いたエイズ予防策である。

ムセベニ氏は拡声器を持って各地を回り、国民に直接、危険な性行動を慎まなければＤ（Death＝死）が待っていると訴えた。海外援助組織はコンドーム普及を推進したが、ムセベニ氏は「薄いゴム片がエイズの潮流を止める中心手段にはなり得ない」と主張し、コンドーム使用はあくまで「最後の手段」と位置付けた。

国連合同エイズ計画（ＵＮＡＩＤＳ）のデータによると、ウガンダの15～49歳のＨＩＶ感染率は、世界第2位だった１９９０年の13・１％から２００４年には６・５％へと半減した。これに対し、コンドームが普及したアフリカ南部ボツワナは、感染率が１９９０年の６％から10年後の２０００年には26％へと急増した。対照的な両国の推移は、コンドームよりも性の自己抑制を重視した予防策が効果的であることを如実に示していた。

だが、同性愛の受け入れを迫るオバマ政権の圧力は、ウガンダの成功を脅かすものだった。同性間の性行為はＨＩＶ感染リスクが極めて高いことに加え、「性の自由」を許容することで、ＡＢＣプログラムの柱である純潔・貞節の意識が薄れ、ＡとＢのないＣだけのエイズ対策、つまり、コンドーム中心の予防策になってしまうからだ。

ウガンダのＡＢＣプログラムは、性の自由を支持する勢力から組織的な攻撃を受けてきたが、今度は同性愛問題でバッシングの標的となった。いずれも性の自由を制限しようとする政策が、欧米のリベラルなエリートたちの強烈な拒否反応を生みだしたのである。

だが、エイズとの戦いはアフリカ諸国にとって国民の生死を懸けた問題だ。「われわれがエイズを倒さなければ、われわれがエイズに倒されてしまう」。ジャネット・ムセベニ大統領夫人はこう主張した。エイズ拡大のリスクを無視して同性愛行為を受け入れさせようとしたのは、無責任としか言いようがない。

「自分が神」と思うヒラリー

「ゲイライツは人権だ。人権はゲイライツだ」

スイス・ジュネーブの国連欧州本部で、オバマ政権のヒラリー・クリントン国務長官が「世界人権デー」に合わせ、ＬＧＢＴの権利拡大を訴える演説をしたのは２０１１年12月のことだ。

全米最大のＬＧＢＴ団体「人権キャンペーン」のチャド・グリフィン会長が「パワフルだがシンプルな言葉でＬＧＢＴの人権を国際舞台に押し上げた」と絶賛したように、クリントン演説はＬＧＢＴの国際的な権利向上を加速させた画期的演説と受け止められた。

同性愛行為を人権と認知させせようとしたオバマ政権に対し、アフリカの宗教界からは激しい反発が起きた。ナイジェリア・カトリック教会のエマニュエル・バデジョ司教は、カトリック系メディアのインタビューに「すべての人間の行為に人権のステータスが与えられるわけではない。同性愛者も神の子だ。尊重されるべき権利を有する。だが、人権と行為は区別されるべきだ」と反論した。

２０１６年大統領選でクリントン氏が当選していれば、ＬＧＢＴ外交が継続・強化されていたことは確実だった。クリントン氏が世界各国のＬＧＢＴ活動家組織に資金提供する枠組みとして設立した「グローバル平等基金」は大幅に拡充されていただろう。そして世界的に広がる同性婚を認める潮流は、米国の積極的な後押しで一段と加速していた可能性が高い。

クリントン氏が大統領になることを恐れたのは、実は米国の保守派だけでなかった。オバマ政権によるリベラルな価値観の押し付けに苦しんでいた途上国もそうだった。その切迫した危機感は、前出のバデジョ司教がクリントン氏を大統領に不適格と酷評した以下の言葉に集約されていた。

「世界には3種類の人間がいる。神を信じる者、神を信じない者、自分を神と思う者だ。クリントン氏は自分を神と思う人間の一人だ。宗教的価値や信念はクリントン氏にとって大切ではないとしても、それを変えろと要求する権利は全くない。米国民は耳と目を開き、どのような人物が次期米大統領を目指しているのか、はっきり知ってほしい」

放棄されたＬＧＢＴ外交

これに対し、トランプ政権は特殊な価値観やライフスタイルを他国に押し付けることに関心がないことは明らかだ。

「すべての国がそれぞれの風習、信念、伝統を追い求める権利を尊重する。どのように生きるか、どのように働くか、どのように信仰するかについて、米国は口出ししない」

トランプ氏は2018年9月の国連演説でこう強調した。オバマ政権のLGBT外交を念頭に置いた発言ではないとみられるが、トランプ氏が他国の価値観や国家主権を尊重すると宣言した意味は極めて大きい。

また、マイク・ポンペオ国務長官は敬虔な福音派キリスト教徒で、明確な同性婚反対派である。そのポンペオ氏は同年4月、上院外交委員会の公聴会で、民主党議員からLGBTの権利は人権と思うかと質問され、こう答えている。

「LGBTの人々も他の人々と同じようにすべての権利を有すると心から信じている」

これがトランプ政権のLGBT問題に対する基本認識と言っていいだろう。他の人々と同じように基本的人権を有するLGBTを特別な保護の対象として扱うことは、逆に平等を損ねることになる。この結果、米国ではLGBTの権利が過度に優先され、伝統的な宗教道徳に基づく性倫理や男女の結婚の枠組みを支持するキリスト教徒が糾弾されるなど、社会に緊張をもたらしている。それは他の国々でも同じである。

国際社会には人種、宗教、政治思想、性別などを理由に弾圧や迫害、暴力を受け、保護しなければならない人々が無数にいる。そうした状況の中で、LGBTの保護だけに焦点を当てるのは明らかにバランスに欠ける。この運動の背後には、リベラルな価値観を世界に広めようとする意図があると見ていいだろう。

ただ、トランプ政権内で明確な方針が示されていないからか、ＬＧＢＴ外交は完全には撤回されていない。トランプ氏が前述の国連演説を行った数時間後に、同じ国連本部でＬＧＢＴの権利拡大を支援する国々などからなる「ＬＧＢＴコアグループ」のイベントが開催された。２００８年に設立されたこのグループには24カ国が参加しているが、米国はトランプ政権下でもそのメンバーにとどまっている（日本はアジアで唯一の参加国）。また、国務省のホームページを見ると、クリントン氏が設立した「グローバル平等基金」は、各国のＬＧＢＴ団体に資金提供を続けている。国務省はもともと民主党寄りの組織で、オバマ政権から残る官僚たちがＬＧＢＴ外交を継続しているようだ。

それでも、トランプ政権ではＬＧＢＴをめぐるオバマ政権の行き過ぎた政策や恣意的な法解釈を一つ一つ是正していることは事実である。国務省官僚のコントロールなど取り組むべき課題はまだまだあるが、米国が他国に同性愛・同性婚の受け入れを迫る「文化帝国主義」を放棄したことは、途上国のみならず世界全体にとって大いに歓迎すべきことである。

国連でフェミニストと闘う

トランプ政権が外交政策に強く反映させている価値観とは何か。それは「Pro-Life《プロライフ》（生命尊重）」「Pro-Family《プロファミリー》（家庭重視）」「信教の自由擁護」である。

国連の女性・家族・社会政策が「家族解体」を目指すフェミニストや社会主義者ら左翼勢力に牛耳られ、人工妊娠中絶やジェンダーフリー、同性愛・同性婚などが世界的に促進されてきたことは、保守派が長年指摘してきた通りである。これに対し、トランプ政権はまさにその国連で、中絶反対や伝統的な家庭の価値を積極的に主張し、左翼勢力から主導権を取り戻そうと立ち向かっている。

その取り組みの一つとして、トランプ政権は国連の文書から「sexual and reproductive health（性と生殖に関する健康）」という文言の削除を強く求めている。この言葉は中絶や自由な性行動を推奨する意味で盛り込まれてきたものだからだ。トランプ政権のチェリス・ノーマン・シャレー国連運営・改革担当大使は「家族計画の手段として中絶が含まれる文言は認めない」と明言している。国連安全保障理事会は2019年4月に紛争下の性暴力防止を求める決議を採択したが、トランプ政権は拒否権をちらつかせて決議からこの文言を削除させた。

ワシントン・ポスト紙によると、トランプ政権は同年3月に開催された国連女性の地位委員会でもこの文言の削除を要求するとともに、育児や家事など家庭における専業主婦の貢献を積極的に評価する内容を合意文書に加えることを主張したという。

フェミニストたちは男女の性差を否定するジェンダーフリーを推進し、専業主婦を男女の固定的役割分担の象徴として攻撃することで母親たちを外で働かせるように仕向けてきた。安保理のように拒否権を持たない同委員会では、トランプ政権の取り組みは成功していないが、米国が過激なジェンダーフリーに歯止めをかけようとしているのは特筆すべきことである。

このほか、トランプ政権はコンドームなど避妊法を教えることを奨励する「comprehensive sexuality education（包括的性教育）」や、生物学的な性別ではなく社会・文化的に形成された性別を指す「gender（ジェンダー）」といった言葉も排除を求めている。国連の文書から過激なイデオロギーを背景にした表現を取り除くことは極めて重要である。日本でも、国連の条約や文書を根拠にしたフェミニスト勢力の圧力で、男女共同参画政策にジェンダーフリー思想が持ち込まれた経緯があるからだ。

トランプ政権でこの取り組みを主導しているのが、厚生省国際問題局のバレリー・フーバー上級顧問である。フーバー氏は政権入りする前、結婚まで性交渉を控える「自己抑制教育」の普及に取り組む組織のトップを務め、キリスト教保守派から高い評価を得ている人物だ。当初は厚生省で国内を担当していたが、反中絶や自己抑制教育拡大で成果を挙げ、2019年1月から海外担当に移った。この人事はプロライフ、プロファミリー政策を国際的にも強化していくトランプ政権の意思の表れだろう。

当然のことながら、こうした取り組みはリベラルな欧州諸国や国連官僚から激しい反対に遭っている。だが、トランプ政権はサウジアラビアやバーレーン、マレーシア、ロシアなど社会問題では保守的な価値観を持つ国々と「新たな連合」を形成して対抗しようとしている。米国が連携を模索するのは人権擁護で遅れている国々が多いが、家庭が社会の礎だという認識では一致している。

トランプ政権の動きに、国連でロビー活動を展開するフェミニスト勢力は警戒感を強めている。米メディアによると、NGO幹部から「トランプ政権はブッシュ（子）政権よりはるかに過激だ」「これは一種の戦争だ」といった悲鳴に近い声が上がっているという。トランプ政権の取り組みが「過激」「戦争」と評されていることは、それだけ激しくフェミニスト勢力に抵抗している証左と言えるだろう。

左翼勢力が主導権を握る国連では、トランプ政権の主張はまだまだ弱い。匿名の国連官僚が米ニュースサイト「バズフィード」に語った内容によると、トランプ政権高官が20

18年3月の国連女性の地位委員会で、米国は「プロライフの国だ」と強調すると、会場は「冗談を言っているの?」という冷めた反応だったという。これが国連の現実である。

しかも、民主党寄りの国務省キャリア外交官たちは、トランプ政権の取り組みに協力的ではない。フーバー氏ら政治任命されたごく少数の高官たちが、孤軍奮闘している状況なのだ。

各国の保守勢力はトランプ政権の良識派と連携し、家庭の価値を守る運動を世界的な潮流として拡大していくことが求められている。それにより、家族解体を目論む左翼勢力との「戦争」に何としても勝たなければならない。

左翼の人権「乱用」に対抗

左翼勢力がリベラルな社会政策を国連や国際社会に浸透させることに成功した最大の要因は、人権概念を巧妙に利用してきたことにある。「中絶の権利」「LGBTの権利」など、「人権」と位置付けることで反対できないようにするのが彼らの常套手段だ。人権擁護の取り組みだと言われれば、多くの人は賛成しないといけないと思ってしまう。

トランプ政権はこうした左翼勢力による人権概念の「乱用」に対抗するため、ポンペオ国務長官が2019年7月、国務省に「不可侵の権利委員会」という組織を設置した。ハーバード大学ロースクールのマリー・アン・グレンドン教授を委員長とする有識者に、世界人権宣言や米建国の文書などに基づき、米政府や国際機関が本当に擁護すべき普遍的権利と、政治目的で生み出された権利を切り分けてもらうという、ポンペオ氏肝いりのプロジェクトである。

米国の独立宣言は、すべての人が有する「生命、自由、および幸福の追求を含む不可侵の権利」は「創造主」から与えられたものだと明記している。左翼勢力は中絶やＬＧＢＴの権利を普遍的権利だと主張するが、その権利は一体どこから来ているのか。彼らの主張の基盤になっているのは、何をやってもその人間の自由だという神抜きの世俗的ヒューマニズムである。

左翼勢力の乱用によって曖昧になった人権概念を理論的に整理しようとするトランプ政権の試みは、極めて重要である。これが左翼勢力の主張を押し返す強力な「武器」となるかどうか注目される。

信教の自由拡大で中国に圧力

「昨日も、今日も、そして常に、米国は信教の自由のために戦う。そうするのは、信教の自由が世界の平和と安全保障の利益となるからだ」

マイク・ペンス副大統領は80カ国以上の政府代表者が集まる前で、国際的な信教の自由擁護が「最優先課題」であることを強調した。これはトランプ政権が「史上初」と銘打ち、2018年7月にワシントンで開催した国際会議「信教の自由促進ミニストリアル」での一場面である。

人権問題を重視するのは米国の伝統だが、トランプ政権が特に力を入れる信教の自由拡大は、同政権の「価値観外交」の根幹を成すものである。この取り組みは、最大の支持基盤であるキリスト教福音派が強く後押ししているもので、福音派の影響は内政のみならず外交にも及んでいる。

ペンス氏は演説で「信教の自由が否定、破壊される時、言論、報道、集会の自由といった他の自由、さらには民主的制度そのものが危険にさらされる」と語ったが、これは非常に重要な指摘である。中国を見れば明らかなように、信教の自由を否定する国には政治的自由もない。逆に言えば、信教の自由の拡大は、長期的に民主主義の強化、拡大につながるのである。

つまり、国際的な信教の自由擁護は、トランプ政権版「世界の民主化戦略」と言っていいかもしれない。民主化を直接要求すると反発を招きやすいが、基本的人権を守る取り組みであれば、広範な支持が得られ、問題国への圧力もかけやすい。

実際、宗教迫害は深刻化の傾向にある。ピュー・リサーチ・センターによると、2016年の時点で信教の自由が制約された国で生きている人は世界人口の83%を占め、前年の79%から増えている。

トランプ政権が開催した国際会議で注目すべきは、さまざまな宗教・宗派の代表者が参加したことだ。宗教間の対立はテロや人道危機の大きな要因となっているだけに、宗教者の対話や連携を促すことは大きな意義がある。2019年7月には2回目の会議が開かれた。

宗教迫害の具体的な事例の中でも、トランプ政権は中国による新疆ウイグル自治区のイスラム教徒に対する弾圧について非難を強めている。キリスト教徒だけでなくイスラム教徒も等しく擁護することは、米国が悩まされてきたイスラム世界の反米感情の緩和につながる可能性がある。

トランプ政権でこの取り組みの先頭に立つのが、サム・ブラウンバック国際宗教自由担当特使である。ブラウンバック氏は上院議員やカンザス州知事を歴任した共和党の重鎮で、カトリック教徒だが、福音派から絶大な信頼を得ている。上院議員時代は北朝鮮による日本人拉致問題にも関心を寄せ、被害者家族と面会するなど、日本に最も協力的な議員の一人だった。

そのブラウンバック氏は2019年3月に香港と台湾を訪問し、それぞれ中国の宗教弾圧を厳しく非難する演説を行っている。

「中国政府は信仰に対して戦争を仕掛けているようだ。だが、これは中国が勝てない戦争だ」

ブラウンバック氏は香港での演説でこう断じたのだった。さらに、中国がウイグル族を収容する施設を「職業訓練所」と称していることを、「少数派社会の文化・宗教的アイデンティティーを消し去るための捕虜収容所だ」と痛烈な表現で非難した。

台湾では、ワシントンで行った国際会議の地域版フォーラムを開いた。台湾を開催地に選んだのは、中国の圧力にさらされる台湾とイデオロギーの側面からも関係を強化する狙いがあったことは間違いない。

このように、信教の自由拡大は、中国に対する「イデオロギー戦」で圧力をかける強力なツールになっている。トランプ氏本人が中国の人権問題に言及することはほとんどないが、ペンス副大統領―ポンペオ国務長官―ブラウンバック特使の「キリスト教保守派ライン」は、中国の無神論独裁体制を明確に敵視している。新疆ウイグル自治区のイスラム教徒だけでなく、チベット自治区の仏教徒、地下教会のキリスト教徒、法輪功学習者に対する残忍な宗教弾圧に対し、トランプ政権が非難の声を上げ続けることは間違いない。

レーガン以来の「反共大統領」

トランプ氏の世界観で見落としてはならない重要な側面がもう一つある。それはトランプ氏が明確な「反共主義者」であることだ。

「過去1世紀にわたり、共産主義者の全体主義体制は世界中で1億人以上を殺害し、無数の人々を搾取、暴力、底知れぬ破壊にさらしてきた。これらの運動は、解放という偽りの大義名分の下で、神から与えられた権利を罪なき人々から組織的に奪ってきた」

これはトランプ氏が2017年11月7日にロシア革命から100年の節目を迎えたことを受けて宣布した「全米共産主義犠牲者の日」の声明である。冷戦時代、共産主義と戦った米国だが、大統領が全世界の共産主義の犠牲者を追悼する日を宣布したのはトランプ氏が初めてである。

さらにトランプ氏は、今も「共産主義の下で苦しみ続けるすべての人々」のために、「米国は自由の光を照らす確固たる決意を再確認する」と強調した。これは共産主義が過去の問題ではなく、現在進行形の問題であるとの認識を示したものだ。中国が大半を占めるが、世界では依然、5人に1人が共産主義体制下で生きている。自由世界のリーダーである米国の大統領が、共産主義との戦いはまだ終わっていないと明確にした意味は限りなく大きい。

声明の発表は、偶然にもトランプ氏が中国を訪問する直前のタイミングとなり、「人権と自由に対する米国のコミットメントを示す上で時宜を得たもの」（ホワイトハウス）となった。

トランプ氏はさまざまな演説で、社会主義・共産主義の本質を鋭く見抜いた指摘をしている。2017年9月の国連演説では、世界最大の原油埋蔵量を誇りながら「21世紀型社会主義」を目指して破綻したベネズエラについてこう論じた。

「ベネズエラの問題は、社会主義が不完全に実施されたことではなく、忠実に実施されたことにある。ソ連からキューバ、そしてベネズエラまで、真の社会主義、共産主義が採用された国では、必ず苦悩と破壊と失敗が生み出されている」

社会主義・共産主義はそもそも「破綻したイデオロギー」であり、忠実に実行すれば、結末は惨劇以外にない、というのである。まさにその通りだ。

2019年2月にフロリダ州でベネズエラ系住民を集めて行った演説では、こうも述べている。

「社会主義は常に専制政治を生み出す。（中略）社会主義が目指すのは正義でも平等でも貧困層の救済でもない。社会主義が目指すのはただ一つ、支配階級の権力だ。彼らは権力を手に入れると、さらに権力を求める。医療を支配し、交通・金融を支配し、エネルギーを支配し、教育を支配し、そしてすべてを支配しようとする。（中略）社会主義以上に非民主的なものはない」

現代の西側主要国で、社会主義・共産主義の問題点をここまで明確に指摘できる指導者は、他にいるだろうか。「レーガン氏以来では一番の反共大統領だ」――。共産主義の残虐な歴史を後世に伝える活動を行う米非営利組織「共産主義犠牲者追悼財団」のマリオン・スミス事務局長は、トランプ氏をこう評した。

ただ、「社会主義不毛の地」と言われてきた米国で近年、〝異変〟が起きている。第4章で詳しく述べるが、若い世代を中心に社会主義を支持する傾向が強まっているのだ。次期大統領選に出馬を表明している民主党の有力政治家たちも、競い合うように社会主義色の濃い政策を打ち出している。

こうした風潮に対し、トランプ氏は2019年2月の一般教書演説で次のようにはっきりと釘を刺した。

「米国は政府による抑圧、支配、管理ではなく、自由と独立に基づいて建国された。われわれは生まれながらにして自由であり、そして自由であり続ける。米国は絶対に社会主義国にはならない」

★第3章★

「反米大統領」オバマの正体

なぜいまさらオバマ前大統領のことを論じるのか、そう思われるだろう。だが、トランプ大統領が目指す国家の方向性や推し進める政策の背景を理解するには、オバマ氏との対比で捉える必要がある。２人の国家観、世界観は見事なまでに対極であり、米国で今、繰り広げられている「内戦」は、トランプ氏が掲げる「米国を再び偉大にする」と、オバマ氏が主張した「米国を根本からつくり替える」という国家ビジョンをめぐる対決だからである。米国の建国の理念や伝統をリベラル思想に置き換えようとしたオバマ氏の「正体」を知ることで、トランプ氏が何のために左翼勢力と戦っているのか、その意味がよりはっきりと見えてくる。

＊　　　　＊

I　米国を「諸悪の根源」と見なす世界観

9・11攻撃受けた米国を責める

米国を襲った2001年9月11日の同時テロの8日後、「ハイドパーク・ヘラルド」というシカゴのコミュニティー紙に、当時はイリノイ州上院議員で、全国的にはまだ無名だったオバマ氏の声明が掲載された。その中でオバマ氏は、同時テロを引き起こした要因を次のように分析した。

「この悲劇の本質は、攻撃した者たちに対する共感の根本的な不在、つまり、他者の人間性や苦しみを想像・連結する能力の無さに由来する。多くの場合、（テロは）貧困や無知、無力、絶望から生まれる」

全米が同時テロに対する恐怖と怒りに包まれる中、オバマ氏はテロ攻撃を受けた責任の一端は米国自身にあると断じた。約3000人が殺害された残虐なテロであるにもかかわらず、テロリストに対する同情の欠如が悲劇をもたらしたと論じたのである。

オバマ氏は貧困と無知がテロリストを凶行に走らせると指摘したが、同時テロの実行犯の大半は、中流階級以上の家庭で育った高学歴者であり、貧しかったわけでも無学だったわけでもない。オバマ氏はさらに、こうも主張した。

「いかなる米国の軍事行動も海外の罪無き市民の生命に配慮しなければならない。中東出身者に対する偏見や差別に断固反対しなければならない」

テロとの戦いにどう打ち勝つかよりも、米国の過剰反応やイスラム教徒に対する米国民の偏見のほうが、オバマ氏にとってはより大きな懸念だったのである。

オバマ氏の世界観を端的に示したといえるこの声明をどう見るべきか。保守派評論家のモニカ・クローリー氏は、ワシントン・タイムズ紙に掲載された論評でこう解説した。

「世界の不義や米国に対する憎悪は自分たちの責任だという左翼主義の中心にある典型的な反米主義だ」

同時テロから7年後、オバマ氏は米国の大統領に上り詰めた。2期8年にわたり世界の舵取りを担ったが、オバマ氏の世界観は同時テロ当時と基本的に変わっていなかった。

それを物語るのが2015年2月のスピーチである。その前月にフランスの風刺週刊紙シャルリエブド本社が銃撃される事件が発生し、国際社会が結束してイスラム過激派に立ち向かおうとする機運が高まる中で、オバマ氏はこう言い放ったのだ。

「十字軍や異端審問（異端な信仰を持つ者を処罰する裁判）で、人々はキリストの名で恐ろしい行為をした。米国でもキリストの名で奴隷制度やジム・クロウ（南部で行われた黒人隔離政策）が正当化された。我々には信仰を悪用・歪曲する罪深い傾向がある」過去に多くの過ちを犯したキリスト教徒や米国には、イスラム過激派の残虐行為を一方的に非難する資格はないという認識を示したのである。地方議員時代ならまだしも、自由世界のリーダーたる米国の最高権力者が、わざわざイスラム過激派と戦う道義的立場を貶める発言をしたことは、多くの人を愕然とさせた。

フランスの連続テロ事件後、パリで各国首脳40人以上が参加するパレードが行われた。だが、そこにオバマ氏の姿はなかった。ホワイトハウスは政府要人を派遣すべきだったと後悔したが、このことはオバマ氏と自由を守るために立ち上がった各国首脳との深刻な価値観の相違を浮き彫りにしたのだった。

オバマの「自己封じ込め」政策

「オバマ氏の政策は自己封じ込めだ」――。

ドイツを代表する週刊紙ツァイトのヨーゼフ・ヨッフェ氏は２０１５年5月、米紙ウォール・ストリート・ジャーナルへの寄稿でこう指摘した。米国は第２次世界大戦後、対ソ連封じ込め政策によって「パックス・アメリカーナ」を実現し、米国と世界に大きな利益をもたらしたが、オバマ氏は国際秩序に挑戦する勢力を封じ込めるのではなく、逆に米国自身を封じ込めている、と批判したのである。

ヨッフェ氏は、弱腰と批判されたカーター元大統領でさえ、ソ連のアフガニスタン侵攻を機に軍備増強に転じたにもかかわらず、「オバマ氏のラーニングカーブ（学習曲線）は平坦なままだ」と断じた。世界への関与を減らすオバマ氏の内向き姿勢が、ロシアのウクライナ介入や中国の南シナ海進出を助長したのは明らかだった。にもかかわらず、そこから何の教訓も得ないオバマ氏の学習能力の低さを嘆いたのだ。

ヨッフェ氏の評論は「自己封じ込め」と論じたことで注目を集めたが、オバマ外交の本質をもっと早い時期に見抜いていたのが、米シンクタンク、ハドソン研究所のダグラス・ファイス、セス・クロプシー両上級研究員である。共和党政権で国防総省高官を務めた経歴を持つ両氏は2011年、コメンタリー誌に掲載された論文で、「オバマ・ドクトリンは自己封じ込めだ」と喝破していた。

両氏によると、オバマ・ドクトリンの根底にあるのは、超大国の米国は傲慢かつ自己中心的な行動で国際秩序を乱してきたことから、米国のパワーや行動を抑制することが、米国と世界の利益だと捉える考え方だという。これは米国を世界に不可欠な善の力と位置付ける、戦後、党派を超えて共有されてきた米外交政策の基本的理念を真っ向から否定するものだった。

ファイス、クロプシー両氏はその裏付けとして、オバマ氏の側近で国連大使に起用されたサマンサ・パワー氏と国務省政策企画局長の要職を務めたアン・マリー・スローター氏の主張を例示した。

パワー氏は2003年の論文で、「米国はならず者国家から世界を守る警察官ではなく、国際法による封じ込めが必要な暴走国家」だと批判した。国際社会の信頼を取り戻すには、ワルシャワでナチスの犯罪をひざまずいて謝罪したドイツのブラント首相のように、米国の指導者も過去の過ちを謝罪すべきだとの持論を展開した。

スローター氏も2008年の論文で、「イラク侵攻や拷問、国際法無視など同時テロ後に犯した深刻な過ちを世界に認めるべきだ」と主張した。2007年の論文では「世界から尊敬されるほど、米国の外交力は高まる」とし、他国との平等や謙遜、自制が重要だと説いた。米国が自らの行動やパワーを制約すれば、世界から尊敬され、逆に影響力は高まる、という奇妙な論理である。

パワー、スローター両氏の主張から見えてくるオバマ・ドクトリンの根幹は、米国を世界の問題児と見なす自虐主義だと言える。保守派評論家のディネシュ・デスーザ氏は、著書でこう指摘した。

「レーガン元大統領はソ連を悪の帝国と呼んだが、オバマ氏は米国を悪の帝国と見ている」デスーザ氏の過激な批判には異論も出たが、それでもオバマ氏が米国の歴史や超大国の地位を否定的に見ていたのは間違いない。だからこそ、国際問題への関与を減らし、国防費を大幅に削減するなど、米国の影響力を自ら低下させる政策を取ったのである。

オバマ氏の外交政策には一貫性がないと言われ続けたが、底流には極めてリベラルな世界観に基づくドクトリンがあったのである。

「オバマは米国を愛していない」

「丘の上の輝く町」――。1989年1月の退任演説で、米国をこう形容したレーガン元大統領は、米国が自由を求める世界の人々に希望をもたらす偉大な国家であることを誇らしげに強調した。

「丘の上の町」は、17世紀に英国から信仰の自由を求めて米大陸に渡ったピューリタンの指導者ジョン・ウィンスロップが、大西洋を航行中の船内で行った説教で新約聖書から引用した言葉だ。人々が見上げる「丘の上の町」のように、ピューリタンが新大陸に築く社会は世界の模範となるべきだと、ウィンスロップは説いたのである。

自分たちは神から使命を与えられた特別な人々だという信念は、米国が世界をリードする責任を持った特別な国家と信じる「米国の例外主義」へと発展する。レーガン氏が退任演説で米国を「丘の上の輝く町」と呼んだことは、冷戦勝利の道筋をつくった同氏の対外政策の背後に、例外主義への揺るぎない確信があったことを示すものである。

レーガン氏に限らず、戦後の歴代大統領は基本的に党派を超えて米国の例外主義を信奉してきた。ところが、オバマ氏は２００９年に次のような奇妙な見解を示した。

「イギリス人がイギリスの例外主義を信じ、ギリシャ人がギリシャの例外主義を信じるように、私は米国の例外主義を信じる」

これは米国を含め、どの国も同等だというオバマ氏の世界観を端的に表したものだ。すべての国が例外であるなら、本当に例外的な国は存在しない。米国の例外主義を信じると言いながら、結局は米国の例外性を否定していたのである。

オバマ氏が伝統的な意味の例外主義を信じていなかったことが、なぜ問題なのか。それはオバマ氏が歴代大統領とは全く異なるレンズで世界を見ていたことを意味するからだ。米国を特別な国と信じるからこそ、米国が超大国であることは世界の利益だとの信念が生まれる。これに対し、オバマ氏が理想とするのは「米国が超大国の一極世界ではなく多極世界」（リー・エドワーズ・ヘリテージ財団特別研究員）であり、「自己封じ込め」によって超大国の地位を意図的に低下させてきたのは、結局、米国を特別な国と見ていなかったためである。

共和党・保守派内では、米国の基本的価値観に背を向けたオバマ氏への批判が噴出した。テッド・クルーズ上院議員は「この国を世界の自由の代弁者、丘の上の輝く町にしたのは米国の例外主義だ」とし、その理念がオバマ氏の下で「我々の手から離れている」と嘆いた。

もっとストレートな表現で、例外主義を否定するオバマ氏を批判したのが、ルドルフ・ジュリアーニ元ニューヨーク市長だった。

「恐ろしいことを言うが、私はオバマ氏が米国を愛しているとは思えない」

この発言は民主党サイドから激しい反発を招いたが、ジュリアーニ氏はこれでもソフトに批判したつもりだろう。本音ではこう言いたかったに違いない。

「オバマは反米だ」——と。

ジュリアーニ氏はこうも述べている。

「オバマ氏は我々のように愛国心を通じて育てられてこなかった」

オバマ氏の反米的な世界観は、その生い立ちに源流があるという極めて重要な指摘である。オバマ氏の生い立ちや経歴を通じ、同氏の世界観がどのように形成されたかを探ってみたい。

Ⅱ　家族から受け継いだ左翼のDNA

マルクス主義を百パーセント信奉

オバマ氏は１９７９年に故郷のハワイを離れ、リベラルアーツ・カレッジの名門校であるロサンゼルスのオクシデンタル大学に入学する。当時、オバマ氏がどのような学生だったのかはほとんど知られていない。だが、大学時代のオバマ氏の政治観、世界観について貴重な証言をする人物が現れた。元ウィリアムズ大学助教授のジョン・ドリュー氏である。

オバマ氏に４回会ったことがあるというドリュー氏は、米ニュースサイトなどへの寄稿でこう証言している。

「オバマ氏は熱烈なマルクス・レーニン主義者だった」――。

ドリュー氏が初めてオバマ氏と会ったのは、１９８０年12月のことである。オクシデンタル大を卒業し、コーネル大大学院に進学していたドリュー氏が、カリフォルニア州にある恋人の実家を訪れていた時だった。ドリュー氏は今は共和党支持者だが、オクシデンタル大時代はマルクス主義学生組織を設立するなど、バリバリの左翼活動家だった。2歳年下の恋人も、その学生組織で出会ったマルクス主義者だった。

大学の授業でドリュー氏の恋人と知り合ったオバマ氏は、クリスマス休暇にルームメートのパキスタン人学生とともに彼女に会いに来たのだった。「彼らはわれわれの側よ」。恋人はオバマ氏らのことをドリュー氏にこう紹介したという。「われわれの側」とは、マルクス主義を信奉する同志という意味だ。

ドリュー氏はオバマ氏らと長時間、政治について語り合った。その時のオバマ氏の発言について、ドリュー氏はこう述懐している。

「労働者階級が支配階級を打倒し、米国に社会主義者のユートピアを確立する革命が間もなく起きる、彼はそう信じていた」

オバマ氏は自らの役割を来るべき革命を指導する「前衛」と見なしていたほか、米国を敵視し、ソ連を擁護する発言もあったという。これに対し、ドリュー氏は社会主義の理念を支持しつつも、大学院進学後は現実的な視点を持つようになり、先進国で労働者革命が起きると考えるのは幻想であると指摘した。すると、オバマ氏は「それはおかしい！」と色をなして反論したという。ドリュー氏はその時、オバマ氏がマルクス主義の革命理論を百パーセント受け入れていると確信した。

オバマ氏が1995年に出版した自叙伝『Dreams from My Father（私の父からの夢）』（邦題『マイ・ドリーム』）にも、大学時代、マルクス主義に傾倒していたことをにおわせる記述がある。それによると、「私は付き合う友達を慎重に選んだ」というオバマ氏は、マルクス主義の教授らと積極的に交流していた。ドリュー氏によると、オクシデンタル大は当時、「南カリフォルニアのモスクワ」と呼ばれるほどリベラル色が強く、マルクス主義を信奉する教授が多くいたという。

冷戦時代、学生がマルクス主義にのめり込むのは決して珍しいことではない。だが、オバマ氏は他の学生とは明らかに異なっていた。オバマ氏がドリュー氏と議論を交わしたのは入学から1年余りしか経っていない19歳の時だった。だが、オバマ氏は、マルクス主義を幅広く研究していたドリュー氏を驚かせるほど左翼思想に精通していたのだ。

「ここまで急進的な大学2年生は極めて珍しい」。ドリュー氏はそう思ったという。

これは何を意味するか。オバマ氏は大学に入学する以前、つまり、ハワイ時代に既に過激な左翼思想に染まっていたのである。

ハワイで共産主義者と師弟関係

「フランクという詩人」——。

オバマ氏の自叙伝『私の父からの夢』には、このような人物が登場する。オバマ氏は初めて会った時の印象を「私は年老いたフランクに興味を寄せた。彼は読書家で、喋る息はウイスキーの臭いがし、腫れぼったい目の奥には苦労して得た知識が隠れていた」と記述している。

自叙伝にはファーストネームしか出てこないが、本名はフランク・マーシャル・デービス氏（1905〜1987年）だ。長年、ソ連のプロパガンダ工作などに従事した筋金入りの共産主義者である。ハワイ・ワイキキビーチ近くに住んでいたこの男こそ、思春期時代のオバマ氏に極めて大きな影響を与えた人物である。

オバマ氏の両親は1964年に離婚した。小学生の時にインドネシアからハワイに戻ったオバマ氏は、母方の祖父母と暮らしていた。祖父スタンリー・アーマー・ダナム氏は、オバマ氏には父親の代わりとなる黒人の手本が必要と考え、デービス氏を紹介した。これが2人の「師弟関係」の始まりだった。オバマ氏は祖父とともにデービス氏の家を時々訪れては長時間語り合ったとされる。

デービス氏はどのような人物だったのか。グローブシティ大学のポール・ケンゴア教授は、著書『コミュニスト』でデービス氏の過去を詳述している。それによると、デービス氏は第2次世界大戦中に米国共産党に入党した。シカゴでは自ら創刊に携わり、初代編集長を務めた「シカゴ・スター」紙で、ハワイ移住後は同じく共産党系の「ホノルル・レコード」紙で、ソ連礼讃・米国敵視のコラムを書き続けた。

デービス氏は特に、ソ連のヨシフ・スターリンが第2次世界大戦後、東欧諸国を次々に衛星国化したことを称賛した。これに抵抗したハリー・トルーマン米大統領に対しては、ファシスト、帝国主義者などと厳しい非難を浴びせた。また、毛沢東率いる中国共産党政権を支持し、韓国やベトナムも共産化されることを望んだ。

デービス氏の過激な言論と共産党フロント組織を通じた工作活動は米議会から危険視され、1956年に上院司法委員会の公聴会に召喚される。デービス氏は黙秘権を行使し、共産党員であるかどうかなどについて回答を拒んだ。だが、同委員会が翌年公表した報告書は、デービス氏を「特定された共産党員」と明記している。

連邦捜査局（FBI）はデービス氏を危険人物に指定し、米ソ間の戦争など非常事態の際はいつでも身柄を拘束できるようにしていた。また、FBI資料によると、同氏はハワイ海岸部の写真を撮影していたことが確認されており、ソ連情報機関のスパイ活動に協力していた疑いがある。

オバマ氏は小学生の時から大学入学まで、このような危険人物から指導を受けていたのだ。

「フランクはとてもよい聞き手なの。だからバラクは彼のことが好きだったのかもしれない。バラクが言っているよりも彼の影響は大きいと思うわ」

デービス氏の家の隣に住んでいた女性は、オバマ氏の半生を綿密に描いた『ブリッジ』（邦題『懸け橋』）の著者デイヴィッド・レムニック氏にこう証言している。2人の関係を間近で見た人物が、デービス氏はオバマ氏の価値観形成に大きな役割を果したと断言しているのである。

オバマ氏の自叙伝によると、オバマ氏がデービス氏と最後の会話を交わすのは、大学入学のためにハワイを離れる数日前のことだ。デービス氏は人生の新たな一歩を踏み出そうとしているオバマ氏に奇妙なアドバイスを送る。

「分かるか。大学へ行くのは、教育を受けるためじゃない。訓練を受けるためなんだ。大学は必要じゃないものを欲する人間になるように、おまえたちを訓練する。（中略）その訓練はあまりによくできていて、機会の平等とかアメリカ的やり方とかそういうバカげた話を本当に信じるようになるんだ」

オバマ氏は驚いて「大学へは行かないほうがいい、ってことですか？」と尋ねると、デービス氏はこう返答する。

「そんなことは言っていない。大学へは行かなくちゃいけない。ただ注意しろと言っているんだ。油断するなと」

デービス氏の発言からはっきり伝わってくるのは、米国の価値観に対する激しい嫌悪である。「油断するな」とは、米国の伝統や価値観に染まらず、反体制的な思考を失うな、と言いたかったのだろう。

オバマ氏は自叙伝でデービス氏を「フランク」と呼び、フルネームで表記しなかったのは、過激な人物との関係を公にすれば、将来、リスクを招くと判断したからだと考えられる。だが、デービス氏の存在を自叙伝から消去できなかった事実は、オバマ氏にとってそれだけ重要な人物だったことを物語るものだ。

前出のケンゴア氏の著書『コミュニスト』によると、自叙伝には「フランク」が22回も登場する。オバマ氏はハワイを離れた後、デービス氏とは再会していないが、さまざまな場面で同氏の存在を思い起こしている。デービス氏はオバマ氏に「長期的、永続的な影響」（ケンゴア氏）を与えたと見るべきだろう。

1980年に当時大学2年生だったオバマ氏と議論を交わしたジョン・ドリュー氏は、オバマ氏はその時既に熱烈なマルクス・レーニン主義者だったと証言しているが、デービス氏から指導を受けていた事実を知れば合点がいく。

自由世界のリーダーたる米国の大統領が、ソ連の工作活動に従事した共産主義者と長期間、師弟関係にあったことは衝撃の事実である。

娘と孫に過激教育を受けさせた祖父

オバマ氏が小学生の時、共産主義者のフランク・マーシャル・デービス氏を紹介したのは、母方の祖父スタンリー・アーマー・ダナム氏だった。ダナム氏は風変わりな人物だったというのが専らの評価だ。デービス氏とは以前から仲が良く、一緒にマリファナを吸っていたという。

カンザス州出身のダナム氏は1940年に、4歳年下で当時まだ高校生だったマデリン・ペインさんと結婚した。第2次世界大戦中の1942年に陸軍に入隊し、欧州戦線に投入される。同年、2人の間に女の子が生まれる。オバマ氏の母アン氏である。

アン氏の本名はスタンリー・アン・ダナム。男の子が欲しかったダナム氏は自分と同じ名前を娘に付けたのである。シカゴ・トリビューン紙によると、アン氏は学生時代、父親の自己満足で男の名前を付けられたことをひどく嫌っていた。

ダナム氏は落ち着きのない性格で、一家はさまざまな場所に移り住んだ。1955年にシアトルに住み始めるが、翌年、シアトル近郊のマーサーアイランドに引っ越す。理由は娘をそこの高校に通わせるためだった。

当時、マーサーアイランドでは教育委員長をめぐり騒動が起きていた。米議会の公聴会に召喚された教育委員長が共産党員だったことを認めたのだ。地元では委員長辞任を求める声が強まる中、逆にダナム一家は引き付けられるかのようにマーサーアイランドに移り住んだのである。

ダナム氏がわざわざ、元共産党員が教育委員長を務める学区に娘を通わせた事実を知ると、オバマ氏にデービス氏の指導を受けさせたことも納得がいく。

「生徒たちに共産党宣言を読ませ、父兄を逆上させた」。アン氏が通った高校の哲学教師だったジム・ウィクターマン氏は、シカゴ・トリビューン紙に授業でマルクス主義を教えたことを明らかにしている。アン氏の同級生によると、こうした過激な教育の結果、生徒たちの間では、宗教や政治、親に対する懐疑的な見方が浸透したという。

ウィクターマン氏は当時のアン氏について、シアトル・タイムズ紙に「彼女は高校生になってさまざまなことに疑問を抱いた。『民主主義や資本主義はどこがいいの?』『共産主義は何が悪くて何がいいの?』と。彼女には探求心があった」と語っている。

シカゴ・トリビューン紙によると、同級生もアン氏は「標準的な女の子ではなかった」と証言している。無神論者を自認し、挑戦的で議論好き、他の生徒よりも知的に成熟していた。放課後、喫茶店でアン氏と長時間語り合ったというチップ・ウォールさんは、アン氏のことを共産党シンパの意味を持つ「フェロー・トラベラー」と表現している。

また、ダナム一家は当時、「丘の上の小さな赤い教会」と呼ばれるほど左傾化したユニテリアン教会に通った。この教会では「ダナム氏が信奉し、娘に引き継いだ懐疑主義が歓迎された」（同紙）という。

こうした家庭、教育、社会環境で育ったアン氏は、親を軽蔑し、宗教を嫌い、米国を批判する反体制的な価値観を身に付けた。

アン氏はマーサーアイランドが気に入り、地元ワシントン大学への進学を希望した。だが、ダナム氏がハワイで新しい仕事を見つけたため、一家は1960年に、アン氏の高校卒業とともにハワイに移住する。

同年秋、ハワイ大学に入学したアン氏は、ロシア語のクラスで「バラク・オバマ」という名の20代のケニア人留学生と出会う。そう、オバマ前大統領の父親である。

ケニア人の父から受け継いだ「夢」

カンボジア元首相の息子で国際通貨基金（IMF）顧問などを務めたナランキリ・ティット氏は、ハワイ大学留学中、オバマ前大統領の父バラク・オバマ・シニア氏と国際政治などについてよく語り合った。2人の議論を過熱させたのは、共産主義に対する意見の相違だった。

オバマ・シニア氏は、徹底した反共主義者のティット氏とは対極の考え方を持っていた。ティット氏は、オバマ・シニア氏の評伝『The Other Barack（もう1人のバラク）』の著者サリー・ジェイコブズ氏にこう語っている。

「私は共産主義が世界を救うとは信じていなかった。オバマ・シニア氏は正反対だった。彼は常に共産主義がいかにアフリカやキューバを解放したかを称賛していた。共産主義は世界を救い、資本主義は崩壊する、彼はそう考えていた」

エリート留学生のオバマ・シニア氏は、オバマ前大統領と同じようにカリスマ性と自信に溢れていた。アン氏はそんなオバマ・シニア氏に魅了される。1961年2月、アン氏はまだ18歳だったが、2人は結婚する。息子が誕生するのは同年8月のことである。

アン氏を惹き付けたのは、オバマ・シニア氏のカリスマ性だけではなかった。共に共産主義や社会主義に同調する価値観が2人の間に強い絆を生んだのだ。ソ連全盛の時代に2人がロシア語のクラスで出会ったことも、2人の政治的志向を物語っている。

野心的で自己中心的なオバマ・シニア氏は、ハーバード大学から奨学金を得ると、アン氏と幼い息子をハワイに残して同大に進学してしまう。2人は1964年、正式に離婚する。オバマ前大統領が父親と再会したのは、10歳の時の一度きりだ。

オバマ前大統領にとって父親の記憶はほとんどない。このため、大手メディアは、オバマ氏の価値観形成に父親が及ぼした影響を軽視していた。これに対し、オバマ氏は父親を聖像化し、左翼イデオロギーを受け継いだと主張したのが、保守派評論家のディネシュ・デスーザ氏である。

「大統領の自叙伝の題名は『私の父からの夢』だ。『私の父の夢』ではない。彼が父親から受け継いだ夢について書いているのだ」

オバマ氏が父親を聖像化していたことは、自叙伝の内容からもうかがえる。オバマ氏の世界観を考える上で、共産主義、社会主義に共鳴した父親の存在は、決して無視できない。

父母に捨てられた寂しい過去

オバマ氏の父親は、私生活では実にひどい人物だった。

デスーザ氏の著書『オバマのアメリカ』によると、オバマ・シニア氏にはケニアに妻子がいたにもかかわらず、それを隠してアン氏と結婚した。アン氏と幼い息子を捨ててハーバード大学に移ると、そこで今度はルース・ナイドサンドさんという米国人女性と付き合い始める。

1964年、オバマ・シニア氏はナイドサンドさんを連れてケニアに帰国し、2人の子供をもうける。だが、一方で、最初の妻とも二股生活を送っていた。最終的に4人の女性との間に、オバマ前大統領を含め8人の子供をつくっている。

英国から独立して間もないケニアでエリート的な立場にあったオバマ・シニア氏だが、政権批判をして社会的地位を失い、酒に溺れていく。酒に酔っては妻子に怒鳴り散らした。オバマ前大統領も自叙伝で、腹違いの姉オウマさんから伝え聞いた父親の荒れた生活について記述している。

オバマ・シニア氏が飲酒運転で事故死し、46年の生涯を閉じたのは1982年のことだった。

一方、母アン氏はハワイ大学に留学していたインドネシア人のロロ・ストロ氏と1965年に再婚する。デスーザ氏の著書によると、ストロ氏もオバマ・シニア氏と同様、第三世界出身の反米主義者で、共通のイデオロギーが2人を結び付けたとみられる。

ストロ氏は1966年にインドネシアに帰国する。翌年、大学を卒業したアン氏は当時6歳のオバマ氏を連れて同国に移住した。オバマ氏はそこで4年間過ごすことになる。

オバマ氏は継父ストロ氏を慕った。ストロ氏は米国の石油会社に就職し、一家の生活は豊かになるが、逆に夫婦の溝は深まっていく。夫が次第に親米化し、資本主義に染まっていくのを、アン氏は快く思わなかったようだ。オバマ氏は自叙伝で2人が口論を交わす様子を記述している。

それによると、ストロ氏は会社のパーティーに一緒に来てほしいと頼むが、アン氏は頑なに拒む。米国のビジネスマンたちが石油採掘権を獲得するために贈った賄賂を自慢し合うパーティーだった。ストロ氏はパーティーに来る人々はアン氏と同じ米国人じゃないかと説得を試みるが、アン氏は「あんな人たち、私には関係ありません」と大声で否定したという。

アン氏は1971年、まだ10歳だったオバマ氏をたった1人で飛行機に乗せ、ハワイの祖父母の元に送ってしまう。翌年、アン氏はストロ氏との間に生まれた娘マヤさんと共にハワイに戻るが、大学の修士課程を修了すると、人類学のフィールドワークのために、オバマ氏をハワイに残して再びインドネシアに帰って行った。

オバマ氏は、母親が自分のことより学者としてのキャリアを優先していることに強い孤独感を感じていた。高校時代の親友キース・カクガワ氏は、ABCテレビに「彼は難しい状況の中で思春期を過ごしていた。捨てられたと感じていた。父親は彼を捨て、母親は常にキャリアを追い求めている、そう感じていた」と証言している。

アン氏は1980年にストロ氏と離婚した。人類学者としてのキャリアを積み上げていくが、子宮・卵巣がんを患う。ハワイに戻った1995年に52歳でこの世を去った。父親に捨てられただけでなく、母親にも捨てられたと感じていたオバマ氏。このつらい過去は、オバマ氏の価値観形成にどのような影響を及ぼしたのだろうか。

Ⅲ 最高権力に上り詰めた「革命家」

社会主義者会議で出会った「天職」

オバマ氏はロサンゼルスのオクシデンタル大学で2年間過ごした後、1981年にアイビーリーグ（東部の名門私立8大学）の一つ、ニューヨーク・マンハッタンのコロンビア大学に編入し、その2年後に卒業している。

オバマ氏はニューヨークでどのような生活を送っていたのか。同級生の証言は少なく、最も謎に包まれた時代だが、自叙伝には同じマンハッタンの私立大学クーパーユニオンで開かれた「社会主義者会議」に時々参加していたとの記述がある。

ごく簡潔に書かれたこの一節は、オバマ氏の思想を理解する上で、極めて重要な手掛かりと言える。綿密な文献調査を通じてオバマ氏の過激な過去を明らかにした保守系シンクタンク「倫理・公共政策センター」のスタンリー・カーツ上級研究員は、著書『ラディカル・イン・チーフ』でこう指摘している。

「オバマ氏は社会主義者会議に参加して人生が一変した。この会議で天職を見つけたのだ」

オバマ氏が見つけた「天職」とは何か。それはシカゴで1985年から3年間務めた「コミュニティー・オーガナイザー」である。コミュニティー・オーガナイザーというと、地域住民のために奉仕するボランティアのような漠然とした印象を受けるが、実態は労働者や貧困層、マイノリティーらをオルグする左翼の職業活動家である。

カーツ氏によると、米国の社会主義者たちは1980年代までに、下火になっていた左翼運動を再活性化するため、性急な革命で社会主義国家を樹立する理想を放棄し、地域住民をオルグして漸進的かつ密かに米国を社会主義化していく「草の根戦略」を採用した。その実動部隊として注目されたのがコミュニティー・オーガナイザーだった。オバマ氏が参加した社会主義者会議では、こうした草の根戦略やコミュニティー・オーガナイザーが果たす役割の重要性が強調されたという。

「変化は大きな組織が引き起こすものではなく、草の根の動きが引き起こすのだ」。オバマ氏は自叙伝で、当時のレーガン大統領とその手下たちの汚い行為に染まるホワイトハウスなどに変革をもたらすために、コミュニティー・オーガナイザーになることを決意したと述べている。草の根戦略で米国を左傾化させる社会主義運動のビジョンに強く共鳴したのである。

オバマ氏がコミュニティー・オーガナイザーになる道を選んだもう一つの理由は、当時、新たな社会主義運動のリーダーとなるべき存在は黒人であると認識されていたことだ。白人の母親と祖父母に育てられ、黒人としてのアイデンティティーを探し求めていたオバマ氏は、1960年代に黒人が繰り広げた公民権運動に強い憧れを抱いていた。オバマ氏はコミュニティー・オーガナイザーとして黒人をオルグし、米国を左傾化させることを「公民権運動の再来」と見なしたのだ。

オバマ氏は自叙伝で「黒人のまとめ役になるんだ。草の根レベルで仕事をして、変化を引き起こすのだ」と、コミュニティー・オーガナイザーになる決意をしたことを誇らしげに書いている。オバマ氏にとって、コミュニティー・オーガナイザーはイデオロギーとアイデンティティーの両面で「天職」だったのである。

ちなみに、オバマ氏が「天職」と出会った1983年の社会主義者会議は、奇遇にもカール・マルクス没後100年を記念して開催されたものだった。自叙伝では会議の単語が複数形になっており、カーツ氏は1984、1985年の会議にも参加した可能性が高いと指摘している。

オバマ氏のコミュニティー・オーガナイザーとしての過去は、安い給料で社会的弱者のために汗を流した美談として語られたが、その背後には米国を左傾化させる過激なビジョンがあったのである。

地域住民を扇動する「達人」

ボストン・グローブ紙にマサチューセッツ州に住むある男性の投書が掲載されたのは、2008年8月のことだ。コロラド州デンバーで開催された民主党全国大会で、当時、上院議員だったオバマ氏が大統領候補指名受諾演説を行った3日後のことである。

「民主党全国大会はソウル・アリンスキー方式で完璧に組織化されたイベントだった。今は亡き私の父が生み出した手法は、変革を現実のものにする強力な戦略だ。オバマ氏は父の教えをしっかり学んだ」

投書を書いた男性は、デービッド・アリンスキー氏。オバマ氏がシカゴで3年間務めたコミュニティー・オーガナイザーの活動や理論を体系化した極左活動家ソウル・アリンスキー氏（1909～1972年）の息子である。

デービッド氏は「私の父の手法が地方のコミュニティー・オーガナイジングの枠を超え、民主党の選挙運動に影響を与えたことを誇りに思う」と述べ、オバマ氏が父親の理論を選挙運動に応用し、大統領候補の座を掴んだことを大いに喜んだのだった。

オバマ氏が1985年にシカゴにやって来た時、ソウル・アリンスキー氏は既にこの世を去っていた。だが、シカゴにはアリンスキー氏が築いた強力なネットワークがあった。オバマ氏は「地域開発プロジェクト」という組織で、主に黒人をオルグする活動に従事するが、オバマ氏を雇い、指導したのは、アリンスキー氏が設立した「産業地域財団」で訓練を受けた同氏の弟子たちだった。

ニュー・リパブリック誌によると、アリンスキー氏が確立したコミュニティー・オーガナイジングの中心は、「アジテーション（扇動）」だという。地域住民の怒りや不満を煽り、政治権力への敵意を増幅させ、集団で対立的行動を取らせる。これがコミュニティー・オーガナイザーに求められた役割だった。

コミュニティー・オーガナイザーになったオバマ氏は、アリンスキー氏の理論や手法に共鳴し、すぐに吸収していく。

「彼は誰もが認めるアジテーションの達人だった」

オバマ氏を指導したマイク・クルーグリク氏は、同誌にこう語っている。自信家で弁舌に長け、カリスマ性のあったオバマ氏は、コミュニティー・オーガナイザーとして天性の才能を備えていたようだ。

アリンスキー氏は1946年の著書『Reveille for Radicals（過激派の起床の合図）』で、「過激派は経済の生産手段が少数ではなくすべての人に所有される将来を望む」と書いており、資本主義を打倒し、社会主義を実現することを最終目標に位置付けていた。

だが、従来の過激派と大きく異なるのは、そのアプローチだ。アリンスキー氏は性急な暴力革命は非現実的だとして否定し、時間をかけて漸進的かつ密かに米国を社会主義化していくことを説いた。同氏が「極左のプラグマチスト」と呼ばれる所以である。

そこで重要な役割を担うのがコミュニティー・オーガナイザーだった。コミュニティー・オーガナイザーが地域住民をオルグして徐々に米国を社会主義の方向に導いていく。つまり、アリンスキー氏にとって、コミュニティー・オーガナイジングとは、長期的に推し進める「秩序ある革命」なのである。

オバマ氏がアリンスキー氏の理論に傾倒したのは、過激なイデオロギーを現実的手法で実践する戦術に有益性を見出したからだ。左翼活動家のバイブルと崇められる同氏の1971年の著書『Rules for Radicals（過激派のルール）』には、「現実的過激派のための実用的入門書」との副題が付いている。

アリンスキー氏の息子が投書で指摘したように、同氏の教えを政治に応用したことが、オバマ氏が大統領にまで上り詰める大きな要因となったのである。

革命の手本は堕天使ルシファー

本の著者は一般的に、家族や恩人らへの感謝を表すために献辞を記す。だが、オバマ氏に大きな影響を与えたシカゴの極左活動家ソウル・アリンスキー氏は、著書『過激派のルール』で極めて意外な存在に献辞を書いている。

アリンスキー氏が同書を捧げた相手とは誰だったのか。その名は「ルシファー」。そう、キリスト教でサタンと認識されている堕天使である。創造主である神に逆らって天を追放され、地獄の主となったルシファーを、アリンスキー氏は不気味に「エスタブリッシュメントに反逆し、効果的に自らの王国を勝ち取った最初の過激派」だと称賛したのである。

保守派評論家のディネシュ・デスーザ氏は、アリンスキー氏がルシファーを評価した背景を探るため、『失楽園』（アダムとイブが蛇の誘惑で堕落してエデンの園を追放されたという旧約聖書の物語を基にした叙事詩）で知られる英国の詩人ジョン・ミルトン研究の権威スタンリー・フィッシュ氏にインタビューを試みている。それによると、ミルトンの『失楽園』で神に反逆したルシファーが用いた戦略とは、①分極化（神に対する宣戦布告）

②悪魔化（神を圧制者に仕立てる）③組織化（他の天使を反逆に加わらせる）④欺瞞（神と人間を欺く）――の四つから成るという。

「これらはアリンスキー氏の戦略の中核だ」。デスーザ氏は、アリンスキー氏が確立した戦略はルシファーのそれと完全に一致すると論じたのだった。

デスーザ氏によると、ルシファーがイブを狡猾に欺いたように、アリンスキー氏も民衆を巧みに欺くことを説いた。ベトナム反戦運動が盛んだった1960年代、長髪で不潔な格好をし、国家権力に卑猥な言葉を使う過激派活動家を、アリンスキー氏は民衆を遠ざけるだけだとして軽蔑した。本性は革命家でも、革命家と見られないよう、身だしなみを整え、民衆の味方を装うことを奨励した。

アリンスキー氏の著書『過激派のルール』

インターネット上にはオバマ氏の若い頃の写真が流出しているが、その中にはアフロヘアでたばこを吸う姿もある。そんなオバマ氏が、スーツを見事に着こなす洗練された人物へと〝変身〟したのは、アリンスキー氏の教えに「戦略的価値を認識した」からだと、デスーザ氏は指摘した。

また、アリンスキー氏は『過激派のルール』で、米国の社会の中心である「ミドルクラス（中間層）の価値観や生活様式」を打倒することが最終目標であることに同意しながらも、中間層を敵視するそぶりを見せてはならないと戒めた。むしろ、自ら中間層になりきり、彼らが直面する悩みや困難に同情を施すことにより、「中間層を過激化」できると説いたのである。

オバマ氏は一貫して自らを中間層の味方だと喧伝していた。著名な保守派活動家、故フィリス・シュラフリー女史は、著書『至高の権力』で「オバマ氏は中間層を操るアリンスキー氏の教えに従い、忠実に『ミドルクラス大統領』を名乗っている」と断じた。

オバマ氏は上院議員時代の２００７年、66の重要採決のうちリベラルな立場を取ったのは65回に上り、政治情報誌「ナショナル・ジャーナル」から「上院で最もリベラルな議員」と判定された。

だが、「リベラルの米国も保守の米国もない。米国があるのみだ」と訴えたオバマ氏を、多くの有権者は超党派政治、国民融和を目指す指導者だと信じた。超リベラルの素顔を覆い隠し、中間層の支持を集めて大統領に上り詰めたオバマ氏を、シュラフリー女史はこう評していた。

「オバマ氏はアリンスキー氏の計画の結実だ」

野望実現へ権力の階段を駆け上がる

オバマ氏は1985年からシカゴでコミュニティー・オーガナイザーとして働き始め、職業訓練センターの誘致や公営住宅のアスベスト撤去などに取り組んだ。このことは自叙伝『私の父からの夢』に詳しく書かれている。だが、一方で、限界も感じていた。

「オバマさん、何も変わらないのよ。できるだけ貯金して、早くこの場所から出ることを考えないと」。アスベスト撤去運動にオルグした女性住民に言われた冷ややかな言葉を、オバマ氏は自叙伝に記している。

オバマ氏はコミュニティー・オーガナイザーとして3年間働いた後、ハーバード大学ロースクールに進学する。世の中を変えるには「権力」を持つことが必要と考えたからだ。元シカゴ・トリビューン紙記者デービッド・メンデル氏の著書によると、オバマ氏はハワイ時代からの友人に、コミュニティー・オーガナイザーとしての自らの無力さを嘆き、「法律の学位がなければ、物事は成し遂げられない」と打ち明けている。

オバマ氏を指導したコミュニティー・オーガナイザーの先輩マイク・クルーグリク氏も

「彼は常に権力への道を考えていた」と、ナショナル・レビュー誌に証言している。

世界最高学府ハーバード大のロースクールを修了し、しかも、黒人初の「ハーバード・ロー・レビュー」編集長を務めた経歴は、その後、政治家になる道を切り開き、より大きな権力をオバマ氏にもたらすことになる。

ただ、オバマ氏が信奉するコミュニティー・オーガナイジングの開祖ソウル・アリンスキー氏が唱えたのは、地道なオルグ活動によって米国を漸進的に社会主義化していくことであり、政治に関与することには反対していた。

だが、保守派評論家のスタンリー・カーツ氏によると、アリンスキー氏の死後、弟子たちは新たな方向性を打ち出していた。アリンスキー戦術と政治の結合、つまり、同氏が開発したオルグ戦術を選挙に応用し、政治権力を握ることを目指したのである。オバマ氏がコミュニティー・オーガナイザーにとどまらず、政治家としてのキャリアを積み上げていった背景には、こうした左翼運動の新たな潮流があったわけだ。

オバマ氏は2008年大統領選で、コミュニティー・オーガナイザー時代に学んだ草の根戦略を選挙運動の中心に据えた。「キャンプ・オバマ」と称する選挙運動員養成プログラムを立ち上げ、オバマ氏を支持する多くの若者にアリンスキー流オルグ戦術を叩き込んだ。労組や市民団体の経験豊富なオーガナイザーたちも数多くオバマ陣営に合流した。

オバマ氏が本命と言われたヒラリー・クリントン氏を民主党予備選で打ち破ったのは勢いだけではない。2012年大統領選で再選を果たしたのは現職の強みだけではない。強力な草の根選挙運動を展開したことが大きな勝因となったのである。

左翼思想に基づく社会変革をもたらすため、常により大きな権力を求めてハーバード大ロースクール、弁護士、イリノイ州上院議員、連邦上院議員へと駆け上がったオバマ氏。アリンスキー氏が確立した理論に、自らが持つオーガナイザーとしての天性の才能を融合させ、米国最高権力者の地位にまで上り詰めたのである。

もう1人のアリンスキー信者・ヒラリー

米国の政界にはオバマ氏のほかに、アリンスキー氏から大きな影響を受けた大物政治家がもう1人いた。ヒラリー・クリントン氏である。

オバマ氏がシカゴでコミュニティー・オーガナイザーを始めた時、アリンスキー氏は既にこの世にいなかった。だが、ヒラリー氏にはアリンスキー氏と直接的な交流があった。

ヒラリー氏はシカゴ郊外の保守的な家庭で育ち、当初は共和党支持者だった。1964年大統領選では保守主義の旗手バリー・ゴールドウォーター候補の選挙ボランティアを務めたほどだ。だが、通っていたキリスト教会の青年担当牧師の影響などにより、次第に左翼傾斜していく。マサチューセッツ州にある名門女子大ウェルズリー大学の4年生の時、ヒラリー氏が卒業論文のテーマに選んだのは、アリンスキー氏の活動だった。

ヒラリー氏は論文を書くため、アリンスキー氏に2度インタビューしている。また、同氏をウェルズリー大へ講演に呼ぶなど、親交を深めた。アリンスキー氏はヒラリー氏にコミュニティー・オーガナイザーとしての才覚を見出したのか、卒業後は自分が設立した組織に就職することを勧めた。だが、ヒラリー氏はエール大学ロースクールに進学する道を選んだ。

「根本的な食い違いがあった」。ヒラリー氏は2003年に出版した自叙伝『リビング・ヒストリー』で、アリンスキー氏の草の根活動を評価しながらも、社会システムは外部からのみ変えられるとの主張に同意できなかったと書いている。同氏の誘いを断り、ロースクール進学を決断したことは、「制度は内側から変えられるという信念の表われだった」という。

自叙伝はヒラリー氏がロースクール進学の時点で、アリンスキー氏と決別した印象を読者に与える。だが、ニュースサイト「ワシントン・フリー・ビーコン」は2014年、ヒラリー氏がロースクール時代の1971年にアリンスキー氏に送った書簡を発掘し、2人の交流は続いていたことが明らかになった。

ヒラリー氏は書簡で、アリンスキー氏の著書『過激派のルール』が出版される日を待ち望んでいることを伝えるなど、同氏の思想に傾倒していたことがうかがえる。ヒラリー氏は当時、カリフォルニア州オークランドの法律事務所でインターンをしていたが、書簡では機会があれば「ぜひお会いしたい」と記している。これに対し、アリンスキー氏の秘書はサンフランシスコで会えるかもしれないと返信した。実際に2人が再会したかどうかは不明だが、親しい関係を維持していたことが分かる。

ヒラリー氏が自叙伝でアリンスキー氏と縁を切ったかのように書いたのは、当時上院議員で大統領選出馬も視野に入れていた立場から、極左活動家との関係は政治的にマイナスと判断したからだろう。オバマ氏の自叙伝もアリンスキー氏について一切触れていない。

ヒラリー氏は民主党内で穏健派と見られ、過激な左翼思想を放棄したかのような印象を与えていた。だが、保守派評論家のスタンリー・カーツ氏は、過激な本性を隠し、段階的、現実的に目標を達成することがアリンスキー氏の説く戦術であり、「ヒラリー氏は（アリンスキー氏への）信仰を失っていない」と断じたのだった。

「リベラル革命」から米国を救ったトランプ

もし2016年大統領選でヒラリー氏がトランプ氏を破り、大統領に就任していたら、どうなっていたか。米国最高権力者の座は、アリンスキー氏の弟子から弟子へ引き継がれていたことになる。さらにヒラリー氏が再選を果たせば、オバマ氏とヒラリー氏が計4期16年、米国の舵取りを担うことになっていた。オバマ氏が目指した「米国を根本からつくり替える」という最終目標は完了する可能性が極めて高かったのだ。

大統領選に勝利することで、そのシナリオを防いだのがトランプ氏だった。米国の有権者のほとんどは、オバマ、ヒラリー両氏がアリンスキー氏の弟子だったことなど知らない。トランプ氏もおそらく知らないだろう。重要なのはトランプ氏がヒラリー氏の当選を阻んだという事実なのだ。そのことが結果的に、「リベラル革命」が成就する瀬戸際から米国を救ったのである。

★第4章★

米国の「歴史戦」——浸透する自虐主義

Ⅰ　歴史の「偉人」が「罪人」に

「ワシントンの教会」から記念碑撤去

米国の首都ワシントンからポトマック川を挟んで西岸に位置するバージニア州アレクサンドリア。赤レンガの建物が立ち並ぶ街は、古都の趣が漂う。そんな街並みに溶け込むようにたたずむのが、米国聖公会の「クライスト教会」だ。

「ようこそ。ここはジョージ・ワシントン初代大統領とロバート・E・リー将軍が通っていた教会です」

クライスト教会を訪れたのは２０１８年1月のことだ。この地域でボランティアの観光ガイドをしているボブ・エバンスさんが穏やかな笑顔で迎えてくれた。

米国が１７７６年に英国から独立を宣言する3年前に建てられたこの教会は、ワシントンが20年以上通ったことから「ワシントンの教会」と呼ばれている。時代は異なるが、南北戦争で南軍司令官を務めたリー将軍もこの教会に通った。

礼拝堂の一角には、「ワシントン」と刻まれた小さな金属プレートが付いた座席がある。

ワシントンが家族で礼拝に参加するために買い取ったものだ。

「どうぞ座ってみて」。エバンスさんに促され、ワシントン一家の座席に腰を下ろした。米国の最も偉大な「建国の父」の一人であるワシントンが、ここから牧師の説教に耳を傾けていたのかと思うと実に感慨深い。

ところが、この歴史的な教会が政治論争の渦に巻き込まれた。教会が2017年10月にワシントンとリーが通っていたことを示す大理石の記念碑を礼拝堂の壁から取り外す決定をしたのだ。筆者が訪れた時はまだ掲げられていたが、2018年8月に教会敷地内の別の建物に移された。

米初代大統領ジョージ・ワシントンが通ったバージニア州アレクサンドリアの「クライスト教会」

「記念碑は一部の人に安全でない、歓迎されていないと感じさせている」。教会の幹部は、米メディアに撤去の理由をこう説明した。ワシントンは奴隷を所有し、リーは奴隷制度存続を主張する南軍のために戦った。そんな2人を称える記念碑の存在は、教会を訪れた人に不快感を与えている、というのが教会側の判断である。

教会敷地内の別の建物に移されたワシントン（左）とリー将軍を称える大理石の記念碑

米国の左翼勢力は近年、リーら南軍指導者の像などを人種差別や奴隷制度の象徴として撤去する運動を進め、一部の過激な活動家が像を破壊する事件まで起こしている。クライスト教会の決定は、撤去の対象が南軍指導者だけでなく、元大統領にまで広がっていることを象徴する事例として大きな衝撃を与えた。

「奴隷を所有する必要があった時代の人々を21世紀の視点で裁くのは公平ではない。ただ、当時のことを繰り返してはならず、バランスが必要だ。ここは教会であり、ワシントンらを崇拝する場ではない」。エバンスさんは、像を破壊する行き過ぎた動きを否定的に見る一方で、教会の判断には一定の理解を示した。

ただ、ワシントンの座席プレートを含め、教会内に残る記念物が一つずつ取り除かれ、最後には「ワシントンの教会」だった歴史自体が消し去られてしまうのではないか、そんな恐れがよぎる。ワシントンはこの教会にとって、英国国教会からの支援が無くなった時、私財を投じて存続を助けた恩人であるにもかかわらずだ。

米国聖公会は、キリスト教会の中でも同性愛を公認するなど特にリベラル色が強い。撤去を決めた背後には、米国の歴史を否定的に捉える左翼イデオロギーの影響があったのだろう。

「すべての人を歓迎します。例外なく」

教会の入り口近くのフェンスに掲げられていた横断幕にはこう書かれていた。だが、実際は「例外なく」ではなく、「ワシントンとリーを除く」という条件付きではないか、そう思わずにはいられなかった。

シャーロッツビルの「衝突事件」

首都ワシントンから南西に2時間半ほど車を走らせると、バージニア州シャーロッツビルに到着する。第3代大統領トーマス・ジェファソンが設立したバージニア大学のある気品に溢れた美しい学生街である。

普段は静かな街が全米を震撼させる事件の現場となったのは、２０１７年8月12日のことだ。南北戦争の南軍司令官だったロバート・Ｅ・リー将軍の像撤去をめぐり、白人至上主義者とその反対派が衝突したのである。極右思想に傾倒していた男が暴走させた車が反対派の集団に突っ込み、１人が死亡、19人が重軽傷を負う惨事となった。

人種問題をめぐる深刻な米社会の分断。マグマのように鬱積する不満と怒りは、何らかの拍子で暴力の形で爆発してしまう。そんな現実を露呈した事件の現場を約半年後に歩いてみた。

「ヘイト（憎悪）はもういらない」「いなくなってしまったけど、忘れないよ、ヘザー」。現場近くの建物には、犠牲になったヘザー・ヘイヤーさんへの追悼メッセージやヘイトに反対する言葉が壁一面に書かれていた。

事件が起きた通りは下り坂になっている。男が運転する車はこの坂を猛スピードで下り、行進していた反対派に突入した。上空から騒動を監視していたバージニア州警察のヘリが市郊外で墜落し、警官2人も亡くなっている。事件後、ヘイヤーさんを追悼するため、通りの名称は「ヘザー・ヘイヤー・ウェイ」に改められた。

通りから数ブロック離れた所に、事件の「発火点」がある。リー将軍の銅像がある公園である。

黒いシートで覆われていた時の米バージニア州シャーロッツビルにあるロバート・E・リー将軍の銅像（2018年2月撮影）

シャーロッツビル市議会は２０１７年2月、１９２４年に設置されたリー将軍像を撤去することを決定し、さらにその後、公園の名称も「リー公園」から「奴隷解放公園」に変更した。像撤去に反発する白人至上主義者らが公園で大規模な集会を開き、これが反対派との衝突につながった。州当局は多くの警官を動員したが、惨劇を防ぐことはできなかった。

市は像撤去を決めたものの、州法には元軍人を称える戦争記念碑の撤去を禁じた規定があるため、事件発生後、暫定措置としてリー将軍像を黒いシートで覆った。

「まるで巨大なごみ袋」——。

これはシートに覆われた像を目の当たりにした時の率直な印象である。高さ約８メートルもある大きな像が真っ黒なシートに包まれている光景は異様だった。明らかに地域の景観を損ねていた。数ブロック離れた所にある南軍のストーンウォール・ジャクソン将軍の像も同じ扱いを受けていた。

「美しい像だっただけに残念。ほとんどの住民は撤去に反対だったけど、声高な一部の人が市議会に詰め掛け、撤去を決めさせたのよ」。近所に住むフィリスさんという女性が、像は住民の間で親しまれていたと教えてくれた。

その後、裁判所の判断で黒いシートは取り除かれた。また、像は戦争記念碑に当たるとの判断が示されたことから、維持される見通しが強まっている。だが、シャーロッツビルの衝突事件をきっかけに、各地で撤去された南軍指導者や兵士の像が元に戻ることはないだろう。

リー将軍が奴隷制度存続を主張する南軍の代表だったことは事実である。また、極右の男が起こした暴力は許されるものではない。だが、バージニア州のために戦った故郷の英雄を現代の価値観で断罪し、ごみ扱いしていいのか。事件現場を見て回った後に残ったのは、何とも言えない違和感だった。

南北和解を後押ししたリー将軍

米国の戦没者が眠るバージニア州のアーリントン国立墓地の敷地内に、「アーリントン・ハウス」と呼ばれる建物がある。首都ワシントンの中心街を一望できる高台に建つギリシャ復古調の立派な屋敷は、リー将軍が30年間暮らした邸宅である。今はリー将軍の記念館として国立公園局によって管理されている。

リー将軍は屋敷に「世界の他のどの場所よりも強い愛情と愛着」を抱いていたが、1861年に南北戦争が始まると、北軍に占領されてしまう。周囲は溢れ出る戦死者の埋葬地となり、国立墓地として今日に至っている。

米社会を分断する「歴史戦」で、左翼勢力の標的となっているのがこのリー将軍だ。シャーロッツビルで、リー将軍の銅像撤去をめぐり死傷者を出す衝突が発生したことも、その風潮を加速させた。

そもそも、リー将軍は公共の場からその存在を消し去らなければならないほどの大悪人だったのか。奴隷制度と人種差別の象徴と見なされるリー将軍だが、実際は南部州が連邦から脱退することに反対していた。奴隷制度の存続を熱烈に支持していたわけでもなかった。奴隷を所有していたものの、奴隷制度を「道徳的、政治的に邪悪」と見なし、いずれ解放されることを望んでいた。

軍人としてもメキシコ戦争(1846~1848年)で軍功を立てた英雄であり、米陸軍で最も優秀な将校の一人として尊敬されていた。リンカーン大統領から北軍司令官就任を要請されたほどの人物である。

それでもリー将軍が南軍のために戦った理由は、自分のルーツである故郷バージニアに対する強い忠誠心からだ。リー将軍は書簡で「自分の生まれ故郷、家庭、子供たちに手を上げることはできない」と記している。

アーリントン・ハウスには、水色の壁の部屋がある。国立公園局職員の話によると、リー将軍はそこで陸軍への辞表を書いたという。バージニアの連邦離脱を嘆きつつ、自らと家族の運命を南部連合に委ねることを決めた。身を引き裂かれるような苦渋の決断であり、辞表を書くためにこの部屋で「長い夜を過ごした」（同局）のである。

「リー将軍の最も偉大な業績は、戦争ではなく平和にある」――。南北戦争に関する著作がある歴史家のジェイ・ウィニク氏は、ウォール・ストリート・ジャーナル紙に掲載された評論でこう指摘した。

リー将軍は1865年4月に降伏するが、南北間の対立や緊張は依然深刻だった。南部連合のジェファソン・デービス大統領は、ゲリラ戦による徹底抗戦を呼び掛けていた。ウィニク氏によると、実際に「南部がゲリラ戦を行っていたら、米国は二つの国家に分かれていた可能性が極めて高い」という。つまり、米国は朝鮮半島のように南北に分断され、超大国としての米国は存在しなかったかもしれないのだ。

米国の未来を左右する重要な局面で、ゲリラ戦に反対し、南北和解と国家再建を後押ししたのがリー将軍だった。保守系ニュースサイト「デーリー・シグナル」のジャレット・ステップマン氏は、筆者の取材にこう強調した。

「ニューヨークからカリフォルニアまで、すべての人が米国民として再び一つの国旗の下で暮らせるようになったのは、リー将軍のような人物がいたからだ」

アーリントン・ハウスとポトマック川の対岸にあるリンカーン記念堂は、1932年に完成したアーリントン記念橋で結ばれた。リンカーンとリー将軍の間に橋を架けることで南北の再結合を象徴したのである。

ウィニク氏は、リー将軍ら南軍指導者の像を撤去する最近の動きについて、こう苦言を呈した。

「過去は現代の政治論争よりも微妙で複雑だ。世論を考慮することは重要だが、歴史を無視、曲解してはならない」

コロンブスが人種差別の象徴に

「ガツン、ガツン」

「タイ」と名乗る男が真夜中に大きなハンマーで白い石塔を叩き始めた。その横で別の者が「人種差別を打ち壊せ」と書かれた紙を掲げている。2017年8月のことだ。

男が破壊したのは、メリーランド州ボルティモアにあるクリストファー・コロンブスの記念碑だった。1792年に建てられた石塔は、米大陸を発見したコロンブスを称える碑としては米国内で最も古いものと言われている。大胆にも男は、碑を破壊する様子を動画投稿サイト「ユーチューブ」で公開し、コロンブスを「大量虐殺のテロリスト」と呼んで強烈な憎悪を表したのである。

コロンブスと言えば、海図なき航海に挑戦し「新世界」に到達した英雄として尊敬を集めてきた。ところが、近年、その評価は一変し、先住民に略奪、虐殺、レイプを働いた極悪人として、リー将軍と並ぶ人種差別の象徴と見なす風潮が強まっている。

左翼勢力がコロンブスを特に敵視するのは、先住民や黒人が抑圧される米国の差別的な社会構造を生み出した原点は、米大陸にそれを持ち込む道を切り開いたコロンブスにあると捉えているためだ。ボルティモアの記念碑を破壊した男も、動画でそのような主張を展開していた。

10月の第2月曜日は「コロンブスデー」という連邦の祝日だが、これを「先住民の日」に改める州や市が増えている。また、シャーロッツビル衝突事件が起きて以降、コロンブスの像などを破壊したり、ペンキで汚すといった事件が相次いだ。

カリフォルニア州サンノゼ市は市庁舎のロビーから、ロサンゼルス市は市内の公園から、それぞれコロンブス像を撤去した。ニューヨーク市でも、コロンブスの米大陸到達400年を記念して1892年にマンハッタンに建てられた有名なコロンブス像を、民主党左派のビル・デブラシオ市長が撤去を検討した。コロンブスの出身国イタリア系の住民が強く反対したこともあり、撤去は辛うじて免れた。

コロンブスもリー将軍と同様、公共の場からその存在を消さなければならない大悪人だったというのか。コロンブスに関する著作がある人類学者のキャロル・デラニー氏は、カトリック系団体とのインタビューで次のように反論している。

「コロンブスは乗組員に、襲撃やレイプのようなことはしてはならない、現地の人々に敬意を持って接するよう厳しく言い聞かせていた。不正行為が起きたほとんどの場合、コロンブスはその場にいなかった」

コロンブスはまた、金（ゴールド）を手に入れるという強欲に基づき航海に出たと批判されている。だが、デラニー氏によると、敬虔なカトリック教徒としての宗教上の動機が最も大きな要素だったという。

「コロンブスが金を探していたことは知られているが、何のために探していたかは知られていない。エルサレムをイスラム教徒から取り戻す十字軍の資金のためだった。この当時の人々は、キリスト再臨のためにエルサレムをキリスト教徒の手に取り戻さなければならないと信じていた」

レーガン元大統領はかつて、コロンブスを「絶望という概念を軽蔑した典型的な米国の世界観を体現している」と称賛した。未知の領域に果敢に挑戦し、絶望的な状況に屈しないコロンブスの精神は、米国の伝統に深く刻み込まれているというのである。

コロンブスを否定することは、米国の精神の否定にもつながる。保守派からは憂慮の声が上がっている。

ジェファソンの「独立宣言」は偽善か

バージニア州シャーロッツビルの衝突現場から車で10分ほど離れたところに、第3代大統領トーマス・ジェファソンが過ごした邸宅「モンティチェロ」がある。モンティチェロはイタリア語で「小さな山」を意味し、その名の通り、豊かな自然に囲まれた小高い丘の上に建つ。

美しい庭園が広がる敷地内の一角に、ジェファソンが眠る墓がある。墓石には本人が誇りにする業績が三つだけ刻まれている。一つ目は独立宣言の起草、二つ目はバージニア信教自由法の起草、三つ目はバージニア大学の設立だ。興味深いことに、大統領を務めたこ

バージニア大学のトーマス・ジェファソン像。後方の建物は同大の象徴であるジェファソン設計のロタンダ

とは記されていない。

ジェファソンは晩年、バージニア大学で学ぶ若者たちがいずれ国を率いていくという期待感が「私の喜び」と記しており、自らが創設した大学に強い思い入れを持っていた。ところが、皮肉にも近年、ジェファソンが未来を託したバージニア大学の一部学生から、奴隷所有者だったことを理由に断罪されている。

「TJ（ジェファソンのイニシャル）は人種差別主義者・レイプ犯だ」。シャーロッツビルでの衝突事件からちょうど1カ月後、学生らが大学内にあるジェファソン像によじ登って黒いシートで覆うとともに、こう書かれたプラカードを掲げた。「レイプ犯」の批判は、ジェファソンが奴隷の女性との間に子供をもうけていたと言われているためだ。

大学内の別のジェファソン像も、台座に「人種差別主義者+レイプ犯」とスプレーで落書きされる事件が発生している。ジェファソンの誕生日に合わせて行われたものだった。他の大学でも、学生の間でジェファソン像の撤去を求める運動が起きている。

歴代大統領で奴隷を所有していたのは、初代のジョージ・ワシントンをはじめ12人いるが、中でもジェファソンが強い批判を受けるのは、独立宣言の起草者だからだ。ジェファソンは奴隷を所有しながら、独立宣言で「すべての人間は生まれながらにして平等」と主張した。そんなジェファソンを左翼勢力は「偽善者」だと糾弾するのである。

これに対し、保守派の見方は全く異なる。建国の理念にすべての人は平等だという概念を盛り込んだことは、当時では革命的なことであり、それが後の奴隷制度撤廃につながったと見る。前出のデーリー・シグナルのステップマン氏は「米国が偉大なのは、世界中で何千年も続いた奴隷制度を廃止したことだ。建国者たちの理念が米国の奴隷制度を終わらせたのだ」と強調した。

ジェファソンら独立宣言の採択や合衆国憲法制定に携わった「建国の父」たちをどう評価するか。これは米国民の国家観や愛国心に直結するテーマであるだけに、その対立は社会に深い分断をもたらしている。

打倒の「本丸」は建国の理念

「今週はロバート・E・リーだ。来週はジョージ・ワシントンか。その次の週はトーマス・ジェファソンか。本当に自問せずにはいられない。これはいつ終わるのかと」

トランプ大統領は2017年8月、シャーロッツビルで衝突事件が発生した3日後に、ニューヨークのトランプタワーでこんな発言をした。

各地で広がる像や記念碑の撤去を求める動きが、リー将軍ら南北戦争の南軍指導者にとどまらず、歴代大統領にまで対象が拡大している状況に苦言を呈したものだった。リー将軍をワシントンらと同列に扱ったことにリベラルメディアは噛みついたが、一般国民が抱いている懸念を率直に代弁したものと言える。

トランプ氏はツイッターに「美しい像や記念碑が撤去され、この偉大な国の歴史や文化がズタズタにされるのを見るのは悲しい」「歴史は変えられないが、そこから学ぶことはできる」とも書き込んでいる。

左翼勢力が歴史的人物の像などを撤去する運動を推し進めるのは、「人種差別反対」がその目的だが、狙いは本当にそれだけなのか。

黒人の保守派論客、ジョージ・メイソン大学のウォルター・ウィリアムズ特別教授は、次のような見方を示す。

「米国の左翼運動はなぜ建国者たちを攻撃するのか。建国者たちの権威を失墜させれば、建国の理念の権威を失墜させる彼らの計略に大きく役立つからだ」

左翼勢力が打倒を目指す「本丸」は、ワシントンやジェファソンらの像自体ではなく、彼らが掲げた建国の理念だというのである。ウィリアムズ氏は「小さな政府」こそ最も重要な建国の理念だと指摘した上で、「ワシントン、ジェファソン、ジェームズ・マディソン（第4代大統領）らを、奴隷を所有したろくでなしの人種差別主義者だと思い込ませることができれば、彼らの理念を打倒することも容易になる」との見方を示した。

政府の役割を肥大化させる「大きな政府」の実現など米社会の左傾化を目指す勢力にとって、建国の理念は障害にほかならない。建国の父たちを人種差別主義者と攻撃する背後に、米国が邪悪な人々によって建国されたという「自虐史観」を国民に植え付け、左翼勢力が望む方向に国家を誘導しようとする思惑があるというわけだ。

21世紀の価値基準で歴史上の人物を一方的に断罪するこの風潮は、米社会に何をもたらすのか。デーリー・シグナルのステップマン氏は深刻な表情でこう語った。

「米国は異なる背景を持つ人々が世界中から集まって来た多民族国家だ。これを一つにまとめるには、国民を結び付けるものが必要だが、それが歴史であり、建国の理念である。この国を建国した人々を否定すれば、国民のアイデンティティーは失われ、バラバラになってしまう」

歴史的人物の像や記念碑を撤去すれば、社会の調和を促進するどころか、逆に分断を深めるというのが、ステップマン氏の見方である。

第1章で論じたように、左翼勢力の目標は、米国を共通のアイデンティティーを持った国家から多文化主義へと変えることにある。左翼勢力は「歴史戦」を通じ、米国の建国の理念を否定し、意図的に社会の分断を試みていると見るべきだろう。

Ⅱ 広がる「反米」「容共」の汚染

NFL選手の「片膝抗議」

米プロスポーツ界の頂点に君臨し、圧倒的な人気を誇るナショナル・フットボールリーグ（NFL）が2016年からの2シーズン、屋台骨を揺るがす騒動に直面した。発端となったのは、一人のスター選手が取った「ある行動」だった。

２０１６年8月のプレシーズンゲームで、試合前の国歌斉唱時に座ったまま起立しない選手がいた。サンフランシスコ・フォーティナイナーズのクオーターバック（ＱＢ）、コリン・キャパニック選手である。

「黒人や有色人種を抑圧する国の国旗に起立して敬意を示すことはしない」。キャパニック選手は試合後、警察による黒人への暴力や人種間の不平等に対する不満を起立拒否の形で表したと説明した。黒人が警官に射殺される事件がクローズアップされ、「ブラック・ライブズ・マター（黒人の命は大切）」と呼ばれる抗議運動が広がったことに呼応しての行動だった。

キャパニック選手は、次の試合から国歌斉唱時に片膝をついて抗議の姿勢を示すようになり、ＮＦＬだけでなく他のスポーツでも同調する選手が続出した。スポーツイベントの国歌斉唱が社会を分断する政治論争の舞台と化してしまったのだ。

当時のオバマ大統領はキャパニック選手らの行動に同情的だったが、トランプ大統領はあからさまに不快感を表し非難した。２０１７年9月には「国旗に敬意を示さない畜生はクビにしろ」とまで言い放った。トランプ氏の発言には強い反発が起こり、直後の試合ではリーグ全体で２００人以上の選手が国歌斉唱時の起立を拒否する事態となった。

リベラルなメディアは、キャパニック選手を英雄のように扱ったが、一般のＮＦＬファンの間では、違和感を覚える人が多かった。人種差別が深刻な問題であるとしても、国歌斉唱時に膝をつく行為は国旗・国歌や国家のために命を捧げる軍人への侮辱だとの受け止め方が支配的だった。

また、キャパニック選手の言動が反国家、反権力の色彩が濃いと印象付けたのは、警官の格好をしたブタの絵が描かれた靴下を履いて警察を侮辱したり、キューバのフィデル・カストロ元議長の写真がプリントされたTシャツを着て記者会見に登場したりしたからである。

キャパニック選手は2017年シーズン以降、所属チームがないが、抗議を始めた当時、平均1900万ドル（約21億円）もの年俸を受け取っていた。一般人には考えられない高額な報酬を得て、豊かな米社会の恩恵を誰より享受するNFL選手たちが、反米的な行動を取る姿に多くのファンが幻滅したのは当然と言える。

実際、騒動が発生した時期、NFLの視聴率は大きく下落した。視聴率低下の要因は複合的だが、愛国心の強いファンを遠ざけたことは間違いない。一般的にNFLファンは共和党支持者、NBA（米プロバスケットボール協会）は民主党支持者が多いと言われるだけに、あからさまな反米的行動はNFLにとって自殺行為にほかならない。

NFL選手の「片膝抗議」は、日本の学校の卒業式で国歌の起立斉唱を拒否する教職員の姿と重なって見えた。こうした行為がテレビ中継される場で堂々と行われた事実は、米国を否定的に捉える価値観が浸透していることを如実に物語っている。

国家に反抗「かっこいい」

「ここはＮＦＬではない！」

バージニア州のセンタービル高校で教師の怒号が響いたのは、２０１７年11月のことである。

米国の学校では国家への忠誠を唱える「忠誠の誓い」が毎朝行われるが、その時間に起立しない生徒がいた。これに腹を立てた教師は、生徒を校舎の外に引っ張り出した。ＮＦＬ選手が始めた「片膝抗議」の影響で、忠誠の誓いを拒否する生徒が全米各地で相次いでいたため、教師はこう怒鳴りつけたのである。

連邦最高裁は１９４３年に、忠誠の誓いの唱和を生徒に強制してはならないとする判決を下している。教師の行動は行き過ぎと判断され、解雇された。

黒人のこの生徒が起立拒否を始めたのは、ブラック・ライブズ・マター運動に触発されたからで、ＮＦＬとは関係ないという。それでも、子供たちの憧れであるＮＦＬ選手が、片膝をついて国家に反抗を示すことが「かっこいい」とのイメージを作り上げたことと、決して無関係ではないだろう。

2017年9月、トランプ氏の「クビにしろ」発言に反発し、多くのNFL選手が一斉に片膝抗議をした試合の翌日、フロリダ州ではなんと小学1年生で片膝をついて忠誠の誓いを拒否する生徒が現れた。驚いた担任は生徒に国家に敬意を示す大切さを諭したところ、母親は息子の表現の自由が侵害されたと〝逆ギレ〟し、学校側に謝罪を求めた。

その数日後、マサチューセッツ州の小学校でも片膝抗議をする者が現れたが、今度は生徒ではなく女性の臨時教師だった。生徒たちが忠誠の誓いを唱えているその目の前で膝をついたのだ。教師は生徒に対して自分の政治思想まで語っており、保護者から猛反発を買ったのは言うまでもない。

シアトルでは2018年4月、大リーグの試合前の国歌斉唱で地元小学校の合唱団が歌声を披露したのだが、驚くべき光景が見られた。子供たちが教師の指揮に合わせて国歌を斉唱する中、その脇で2人の生徒が片膝抗議をしていたのだ。国歌斉唱のセレモニーに招いた合唱団がまさかそんな行動を取るとは誰が想像しただろうか。

NFL選手たちによる片膝抗議は視聴率の大幅な下落を招いたことから、リーグは2018年5月、フィールド上では国歌斉唱時の起立を義務付ける方針を発表した。その後も抗議を続ける選手はいるが、騒動は概ね収束した。だが、2シーズンに及ぶ騒動が多くの若者に大きな影響を与えたことは間違いない。

国家への反抗を示す生徒を逆にもてはやしているのが左翼勢力だ。メリーランド州ボルティモアで同年7月、11歳の女子生徒が教育委員会の会合で、忠誠の誓いの時に「膝をつくのは私の権利だ」と訴えるスピーチを行った。その映像を見たヒラリー・クリントン氏は、ツイッターで「11歳の年齢で不正に抗議するために自分の権利を行使するのは勇気がいる。素晴らしい行動を続けてほしい」と称賛したのだ。

生徒は過去の最高裁判決を引き合いに出して片膝抗議を行う権利を主張した。だが、11歳の少女がこのような主張を展開するのは不自然である。生徒の弁護を担当した左翼法曹団体「全米市民自由連合（ACLU）」が語らせたことは間違いない。

「警察は黒人の脅威」は本当か

黒人が警官に射殺された事件をきっかけに、全米に反警察運動「ブラック・ライブズ・マター（BLM）」が吹き荒れた。この運動により、人種的偏見を持つ白人警官が罪なき黒人を次々に殺している、そんな印象が広まり、人種間の緊張を高めた。NFLのスター選手が「片膝抗議」を始めたのも、こうした流れからだ。

BLM運動を生み出した発端は、2014年にミズーリ州ファーガソンで18歳の黒人青年が白人警官に射殺された事件である。青年は降伏していたのに背中から撃たれた、などの噂が広がり、暴動に発展した。だが、青年はコンビニエンスストアで強盗を働いた後、警官を殴り、銃を奪おうとしたため、射殺されたのが真相である。

ＢＬＭ運動はそもそも事実誤認から始まったことになる。だが、この運動がそれ以上に問題なのは、警察だけを一方的に糾弾し、黒人社会にとってより深刻な課題から目を背けさせてしまっていることだ。深刻な課題とは何か。それは圧倒的に高い黒人の犯罪率だ。

連邦捜査局（ＦＢＩ）がまとめた２０１６年の犯罪統計によると、逮捕された殺人犯９３７４人のうち黒人は４９３５人で52・６％を占めた。米人口に占める黒人の割合は、約13％にすぎないにもかかわらずだ。

犯罪の被害者が最も多いのも黒人である。この年に殺された黒人は、前年より８００人以上多い７８８１人に達した。ＢＬＭ運動の活動家たちは、警察を黒人の脅威だと非難するが、黒人を殺害した犯人の９割が黒人であり、黒人にとって本当の脅威は黒人自身の暴力なのである。

ＢＬＭ運動の影響で、警官は躊躇なく黒人に発砲するイメージが広まったが、ワシントン州立大学のロイス・ジェームズ助教授らの調査では、警官が凶器を持たない容疑者に発砲する確率は、黒人よりも白人に対しての方が３倍高かった。容疑者が黒人の場合、発砲までに時間がかかることも分かっており、警官は黒人を撃って社会的批判を浴びることを恐れ、発砲を躊躇してしまうようだ。

ワシントン・ポスト紙のデータベースによると、2016年に警官に殺害された黒人は233人に上る。ただ、そのほとんどは銃を持っていたり、暴力で抵抗したケースで、凶器を持っていないのに殺害されたのは16人だった。むしろ、警官が黒人に殺害されるケースのほうが圧倒的に多い。

2015~2016年は全米各地で凶悪犯罪が急増したが、これはBLM運動によって警察を軽蔑・敵視する風潮が強まったことで現場の警官が萎縮し、積極的な取り締まりをしなくなったことが大きな要因と言われている。皮肉にも、治安悪化の影響を最も受けたのは、危険な地域に住む黒人貧困層である。

警官の過剰対応で黒人が不当に殺害される事件が問題であることは間違いない。だが、「被害者」としての立場を強調するあまり、黒人の高い犯罪率という「不都合な真実」(ヘザー・マクドナルド・マンハッタン研究所研究員)が見過ごされ、これを是正しようとする動きが黒人社会の中から出てこないのは悲劇である。

黒人の成功物語に光を当てよ

「私は今も昔もラディカル（急進論者）だ」

バージニア州にあるジョージ・メイソン大学の研究室で筆者のインタビューに応じた黒人のウォルター・ウィリアムズ特別教授は、笑いながらこう語った。身長が2メートル近くあるためか、とても80代には見えない。

ジョージ・ワシントンやトーマス・ジェファソンら米国の建国の父たちが奴隷所有者だったことを理由に断罪されている状況は既に述べたが、黒人が奴隷として扱われた歴史は、米社会に深い分断をもたらす根源になっている。この敏感な問題をどう捉えたらいいのか。ウィリアムズ氏に尋ねると、自らをラディカルと称した通り、タブーを恐れない刺激的な答えが返ってきた。

「奴隷は人類歴史を通してごく当たり前の制度だった。スレイブ（奴隷）の語源がスラブであるように、スラブ人は奴隷として扱われた。奴隷制度を廃止するために戦ったのが英国をはじめとする西側世界だ。米国も奴隷制度を終わらせるために南北戦争で甚大な犠牲を払った。米国の建国者たちを攻撃するのは、事実に対する無知の表れだ」

ウィリアムズ氏は若い頃、徴兵された陸軍で黒人差別に激しく抵抗するなど血気盛んな青年で、軍法会議にかけられたこともあった。駐留先の韓国からはケネディ大統領に政府や軍にはびこる人種差別を告発する書簡を送るなど、「常にトラブルメーカーだった」という。

また、公民権運動では、非暴力を主張したマーティン・ルーサー・キング牧師よりも対決路線を取るマルコムXに共鳴し、差別撤廃には暴力の行使もやむを得ないと考える正真正銘のラディカルだった。

だが、大学で経済学を学ぶ中で、自由市場こそが人種間の不平等を是正する原動力であると信じるようになり、リベラルな考え方を捨て、小さな政府を志向する保守派の経済学者となる。言論活動でも、白人には語れない黒人社会の問題をストレートに指摘し、脚光を浴びてきた。

NFLで「片膝抗議」を主導した選手が「この国には長年はびこる構造的抑圧」が存在すると主張するなど、黒人は今なお人種差別の被害者であるとの見方が強い。だが、ウィリアムズ氏は「ナンセンスな主張だ」とばっさり切り捨てた。

「米国の黒人社会を一つの国家と仮定した場合、2008年の統計でその国内総生産（GDP）は世界第18位の国家に相当する。1865年に南北戦争で黒人奴隷が解放された時、1世紀余りで黒人の地位がここまで向上するとは誰が想像しただろうか。このような進展は、米国だからこそ可能だったのだ」

ウィリアムズ氏は3歳の時に父親が家族を捨てたため、母子家庭で育った。フィラデルフィアの低所得者向け公営住宅で暮らした幼少期は「極めて貧しかった」と振り返る。「何もなかった私のような人間が今、米国で上位5％に入る収入を得ている。この事実は米国の偉大さを示すものだ」

黒人は現在、スポーツ界や芸能界、政界などさまざまな分野で目覚ましい活躍をしている。被害者としての立場よりも、逆境を乗り越え成し遂げたサクセスストーリーに焦点を当てるべきだと、ウィリアムズ氏は主張する。被害者意識を植え付けるのは左翼勢力の政治戦略だとして、黒人社会にこう呼び掛けた。

「黒人にとって何より重要なのは、左翼の反米アジェンダのツールとして利用されるのを止めることだ」

社会主義に惹かれる若者

2016年大統領選以降、急速に勢力を拡大している政治団体がある。「アメリカ民主社会主義者（DSA）」という米国の社会主義化を目指す左翼団体だ。5000人程度だった会員数はトランプ大統領の当選を境に急増し、2018年9月の時点で5万人を突破するなど、全米最大の社会主義団体として影響力を強めている。

注目すべきは、新会員の多くが2000年以降に社会人になった「ミレニアル世代」と呼ばれる若者たちであることだ。DSAは冷戦時代の1982年に設立されたベテラン中心の組織だったが、ミレニアル世代の流入で「平均年齢が64歳から30歳に下がった」（シカゴ・トリビューン紙）とされる。今や米国の社会主義運動の先頭に立つのは若者であり、「社会主義者のベビーブーム」（同紙）とも呼べる状況が生まれている。

米国では伝統的に社会主義をタブー視する風潮が強い。にもかかわらず、若者たちはなぜ社会主義に惹き付けられるのか。

まず冷戦時代を経験していない世代は、社会主義・共産主義にネガティブな印象がほとんどない。むしろ医療保険制度や雇用に不安を抱き、高額な大学授業料の支払いで借金を背負う若者たちには、国民皆保険や政府による雇用保証、大学無償化など左派勢力が訴える政策が魅力的に映るのである。

社会主義に惹き付けられる若者のエネルギーを強く印象付けたのが、2018年6月にニューヨーク州で行われた連邦下院選の民主党予備選だった。DSAのメンバーである女性新人候補アレクサンドリア・オカシオコルテス氏が、若者を中心とした草の根選挙運動で民主党下院ナンバー4の大物現職議員を破るという番狂わせを起こしたのだ。予備選翌日にはDSAへの入会希望者が殺到し、その数は通常の日の35倍以上となる1152人に達した。

同年11月に行われた中間選挙では、オカシオコルテス氏が共和党候補に圧勝したほか、ミシガン州でもＤＳＡメンバーのラシダ・トレイブ氏が下院議員に初当選した。ＤＳＡの発表によると、地方選挙でも州議会議員や市議会議員、教育委員などＤＳＡが支持した候補が41人も当選を果たしたという。ＤＳＡは２０１８年の中間選挙結果を「数世代にわたり後退していた米国の社会主義運動の復活を示すものだ」と総括したが、米国が長年、「社会主義不毛の地」だったことを考えると、大躍進と言っていいだろう。

２０１６年大統領選の民主党候補指名争いでは、バーニー・サンダース上院議員が若者の熱烈な支持を集めて旋風を巻き起こした。サンダース氏は冷戦時代にソ連に新婚旅行に行った筋金入りの社会主義者であるにもかかわらずだ。若者の左傾化はリベラルなオバマ前大統領時代から進んでいたが、その潮流は一段と加速している。

２０２０年次期大統領選では民主党候補が乱立しているが、ＤＳＡはサンダース氏を支持することを決定している。

甦るマルクスの亡霊

ＤＳＡのオレゴン州ポートランド支部で共同議長を務める女性が２０１８年7月、ツイッターにこんな書き込みをした。

「DSA支部の共同議長として、はっきりさせたいことがある。共産主義は素晴らしい、ということだ」

他の支部の議長たちからも、この意見に賛同する書き込みが相次いだ。左翼団体とはいえ、多くの若者を惹き付けている組織で、共産主義が堂々と称賛されている事実は、米国内で容共的な風潮が広がっていることを物語るものだ。こうした風潮は、メディアの論調にも表れている。

「誕生日おめでとう、カール・マルクス。あなたは正しかった!」――。

ニューヨーク・タイムズ紙（電子版）は同年4月、マルクス生誕200年に合わせ、こんなたちの悪いジョークのようなタイトルの論文を掲載した。全世界で推定1億人以上に死をもたらした共産主義思想の生みの親を称えたことに、保守派からは「パロディーでは済まされない」（保守系オピニオンサイト「フェデラリスト」）との批判が噴出した。

論文は韓国・慶熙大学のジェイソン・ベイカー准教授が執筆したものだが、注目に値する指摘もしている。黒人の反警察運動「ブラック・ライブズ・マター（BLM）」や女性のセクハラ告発運動「ミー・トゥー」など、全米を揺るがした社会運動について論じた以下の部分だ。

「このような運動は、マルクスのように、支配階級の思想を打倒することが真の革命的進歩に欠かせないことを理解している」。つまり、ＢＬＭやミー・トゥーは、マルクス主義を源流とした左翼運動だというのである。

ニューヨーク・タイムズ紙は２０１７年にも、１９１７年のロシア革命から１００年に合わせ、レーニンは環境保護に熱心な「エコ戦士」だったとか、共産主義体制下の女性たちは性生活を満喫していた、などと主張する論文を掲載し、保守派の顰蹙を買った。

10代の少女向けファッション誌「ティーンヴォーグ」(電子版）も、マルクス生誕２００年の記事を掲載したが、マルクス主義を教える高校教師らに資本主義を批判させる一方で、共産主義がもたらした災禍についての記述は一切無かった。マルクス主義が現代の米国にいかにも有益であるかのように若い読者をミスリードする内容だ。

これについて、米保守系シンクタンク、ハドソン研究所のアーサー・ハーマン上級研究員は、ＦＯＸニュースのサイトに掲載された論評で「グロテスクな共産主義プロパガンダ記事」と酷評した。さらに、こうした記事が掲載されたことについて、「米国は冷戦に勝利し、海外での共産主義の伝染を止めたが、その感染は今、米国内で広がり根を下ろしている」と、強い危機感を示した。

ハーマン氏は、米国内が共産主義との思想戦の主戦場になっている現状を「新冷戦」と表現した。次世代を担う若者や大学、メディアの間で容共的な風潮が広がっており、この思想戦に勝利するのは簡単なことではない。

ブッシュはスターリンより人殺し?

「ばかげている、ばかげている」

共産主義の残虐な歴史を後世に伝える活動を行う米非営利組織「共産主義犠牲者追悼財団」のマリオン・スミス事務局長は、筆者のインタビューの最中、険しい表情でこの言葉を何度も繰り返した。

独立宣言を起草したジェファソン第3代大統領らが奴隷所有者だったことを理由に人種差別主義者と断罪される風潮が強まる中、若い世代では、アルゼンチン出身でキューバ革命の指導者チェ・ゲバラのTシャツを着るのがファッションになっている。

「キューバで黒人や同性愛者を殺したゲバラが、一体どうして米国の将来の世代のために独立宣言で『すべての人間は生まれながらにして平等』と書いたジェファソンより好ましい人物になるのか。ばかげている」

スミス氏は2000年以降に社会人になった「ミレニアル世代」の一人だ。米国の将来を担うそのミレニアル世代の間で、米国を人種差別国家だと否定的に捉える一方、社会主義や共産主義に好感を抱く傾向が強まっていることに危機感を募らせる。

スミス氏の財団が2018年に実施した世論調査によると、ミレニアル世代の46％が社会主義国家に住みたいと回答し、資本主義国家の40％を上回った。共産主義国家の6％を合わせると、過半数の52％が社会主義か共産主義の国に住むことを望んでいるという驚くべき結果が出た。

2017年の調査では、ミレニアル世代で共産主義を「極めて好ましくない」と答えたのは36％にとどまり、全体の56％に比べて著しく低かった。また、ミレニアル世代の32％がカール・マルクスに、31％がチェ・ゲバラに、23％がレーニンにそれぞれ好感を抱いていると答えるなど、共産主義への警戒感が薄いことが分かる。

さらに、2016年の調査では、ミレニアル世代の32％が旧ソ連スターリン体制下よりもブッシュ（子）元米政権下でより多くの人が殺害されたという誤った認識を持っていることが判明した。共産主義の残虐な歴史に対する基本的な知識が欠如していることも浮き彫りになった。

「このような歪んだ歴史認識を持つ世代が政治について正しい判断を下せるのか。危険だ」

米調査機関ピュー・リサーチ・センターによると、ミレニアル世代は2019年中に米人口で最大の世代層となる見通しだが、スミス氏は若い世代が政治を誤った方向に導く可能性があると強い懸念を示した。実際、次期大統領選に出馬している民主党候補たちは若者を意識し、競い合うようにリベラル色の濃い政策を打ち出している。

スミス氏が特に憂慮するのは、この状況は米国がこれまで果たしてきた自由世界のリーダーとしての役割から後退させる恐れがあることだ。

「もし米国民の25%でも共産主義を悪いと思わなくなったら、世界における米国の立場は全く違うものになる。米国民が共産主義、全体主義勢力に対抗することを望まなくなれば、世界に極めて否定的な影響を及ぼすだろう」

スミス氏が言うように、米国が万一、世界の自由、民主主義、人権を積極的に擁護しなくなれば、独裁国家に対する圧力は弱まり、特に中国のさらなる増長を許すことになるだろう。また、日本と米国を結び付けてきた共通の価値観も揺らぎ、同盟関係の根幹を弱めることにもなる。

米国が明確な反共イデオロギーの下で、自由世界のリーダーとしての役割を果たし続けることは、日本と世界の利益であることを考えれば、米国の若者の左傾化は決して他人事ではないのである。

Ⅲ「暗黒物語」に変わった米国史

国家への誇りを奪った歴史書

「トーマス・ジェファソンら米建国の父たちは、黒人奴隷を所有した邪悪な人種差別主義者だった。だから、米国は誕生から邪悪な国であり、今なお邪悪な国だ。米国をこのように見る米国人が増えている」

こう指摘したのは、歴史家でハドソン研究所非常勤研究員のロナルド・ラドシュ氏である。かつては米国共産党に所属したこともある左翼活動家だったが、１９８０年代に左翼の思想・運動に幻滅し、保守派に転向した。

メリーランド州の自宅で筆者の取材に応じたラドシュ氏は、米国内で「自虐主義」が浸透した大きな要因として、ある一冊の本の影響を挙げた。故ハワード・ジン・ボストン大学名誉教授（１９２２〜２０１０年）の『A People's History of the United States（民衆のアメリカ史）』だ。

「多くの人がジン氏の本で教育されている。歴史家としてのジン氏の信用は完全に失墜しているが、彼の本は依然、何千という高校で教科書として用いられている」

『民衆のアメリカ史』はそのタイトルの通り、偉人や英雄ではなく民衆に焦点を当てた歴史書である。先住民や黒人、労働者、貧困層、女性が、強欲な白人男性支配階級にいかに虐げられてきたかが延々と綴られている。

「自虐史観」の広がりは1960年代以降の傾向であり、決してジン氏一人の影響によるものではない。だが、1980年に出版された『民衆のアメリカ史』は、現在までに推計300万部という歴史書としては大ベストセラーとなった。多くの米国人の歴史観を変えたことは疑う余地がない。

初版わずか5000部だった堅い歴史書が版を重ね、ここまで社会の注目を集めるようになったのは異例のことである。人気俳優マット・デイモン氏が自ら脚本も手掛けた映画『グッド・ウィル・ハンティング／旅立ち』の中で、「真の歴史書を読みたければ、ハワード・ジンの『民衆のアメリカ史』を読めよ」と述べるなど、ハリウッドやリベラルメディアが後押ししたことも大きい。また、ジン氏が2008年に設立し、同書を教科書として生徒に歴史を教えることを推奨する「ジン教育プロジェクト」は、同氏が他界した今も、二つの左翼教育団体によって運営されている。

露骨な反米主義に偏ったジン氏の歴史解釈は、保守派だけでなく左派系学者からも客観性を疑問視する指摘が相次いだ。だが、ジン氏は生前、「客観性を保つのは不可能であり、望ましくもない」と居直り、未来を変えるために過去の出来事を自らの価値観で取捨選択し、解釈するのが歴史家の仕事であるかのような考えを示していた。

「歴史家ではなくプロパガンディストだ」。ラドシュ氏は長年、ジン氏をこう痛烈に批判してきたが、それには理由がある。

左翼勢力は一貫して、原爆の機密をソ連に渡した罪で1953年に死刑を執行されたローゼンバーグ夫妻を冤罪だと言い張ってきた。ラドシュ氏は左翼言論人だった時代、夫妻の無罪を証明しようと事件を調査した。すると、夫妻は実際にスパイ活動に従事していたことが分かったのである。

ハワード・ジン氏の『民衆のアメリカ史』

ラドシュ氏は事件の真相を明らかにする書籍を出版したことで、左翼勢力内で裏切り者扱いされてしまう。そんな経験から、同じ歴史家として、真実よりイデオロギーを優先するジン氏の姿勢が許し難いのだろう。

米国で自国の歴史や現代社会を否定的に捉える風潮が強まっていることや、社会主義に惹かれる若者が増えていることについては、既に事例を挙げて論じてきた。その背景には、ジン氏ら左翼勢力が米社会に「反米自虐史観」を浸透させてきたことがある。ジン氏は生前、『民衆のアメリカ史』を書いた目的は「静かな革命」を起こすことだと述べていた。米国の歴史を「成功の物語」から、虐殺、搾取、抑圧、差別の「暗黒の物語」に書き換え、多くの人から国家への誇りを奪ったことは、一種の革命と呼べるかもしれない。

米国を邪悪な国と一貫して描写

カール・マルクスは「共産党宣言」の冒頭で、「今日までのあらゆる社会の歴史は階級闘争の歴史である」と主張したが、ジン氏はそれに忠実に従うかのように、米国の歴史を一貫して支配階級と被支配階級の対立として描写した。

『民衆のアメリカ史』は、クリストファー・コロンブスの新大陸発見から始まるが、コロンブスを英雄的な冒険に駆り立てたのは金（ゴールド）を手に入れるという強欲であり、「500年前に、アメリカ大陸のインディアン居住地へのヨーロッパ人の侵入の歴史が始まった。その歴史の始まりは征服であり、奴隷制であり、死である」と主張した。先住民が白人から残虐な扱いを受ける流血の歴史は、コロンブスによって切り開かれたと断じている。

1776年に米国は英国から独立するが、ジン氏の見方はこうだ。「合衆国と呼ばれる一つの国家、一つのシンボル、一つの法的統一体をつくり出すことによって、土地と利益と政治権力とをイギリス帝国の寵臣から引きつぐことができる、ということに気づいたのだ」

建国の父たちが米国を独立に導いた動機は私利私欲であり、自分たちの特権を守るために「近代において考案された国家の管理制度のうちでもっとも効果的な制度をつくり出し」たというのである。独立宣言で自由や平等を謳いつつ、実際はエリート層による狡猾な支配体制を確立したというのが、ジン氏が描写する米国の独立なのである。

米国は南北戦争を経て、奴隷制度を終わらせる。だが、ジン氏はこれを歓迎するどころか、「南北戦争前夜のアメリカで実際に国を動かしていた人びとがもっとも重要視していたのは、奴隷制反対運動ではなく、資金と利潤だったのだ」と批判した。奴隷制度を維持しても、廃止しても、ジン氏の視点では米国が邪悪な国であることに変わりないのである。

南北戦争では白人の戦死者約60万人という膨大な犠牲者を出した。歴史家のヴァン・ウッドワード氏によると「奴隷6人の解放につき1人が命を落とした」計算になる。保守派評論家のディネシュ・デスーザ氏は、南北戦争の真の英雄は「奴隷を所有したこともないのに奴隷制度撤廃のために死ぬまで戦った北軍兵士たちだ」と主張する。だが、ジン氏はそんな兵士たちに冷淡だ。多くの人が軍に志願して醸成された愛国ムードが、支配階級に対する「怒りをそらせるのに効果的に働いた」と嘆いたのである。

ジン氏の解釈では、第1次、第2次世界大戦に米国が参戦したのも利益目的であり、米国の歴史を動かしてきたのは、すべて支配階級の強欲なのだ。

ジン氏によると、米国民の99％は支配階級と利害が対立するという「共通性」を有するが、歴代政府やエリート層は「建国の父から現在にいたるまで」、この事実を隠すことに「全力をあげて」きたという。支配階級が隠し続けてきた歴史の真実を暴き、民衆を反権力で結束・蜂起させることこそ、ジン氏が『民衆のアメリカ史』を著した目的なのだろう。

「学問的著作というより陰謀論者のウェブサイトに近い」。著名な左派の歴史家マイケル・ケイジン・ジョージタウン大学教授は、同書をこう酷評した。左派からも偏向の度が過ぎると指摘される「反米歴史書」で教育されれば、米国に誇りを持たない人が増えるのは当然の帰結である。

筋金入りの共産主義者だったジン氏

マルクスの「階級闘争史観」に基づいて米国の歴史を書き直したジン氏は、実際に米国共産党に所属していた筋金入りのマルクス主義者だった。ジン氏は生前、共産党員だったことを否定していたが、同氏が亡くなった2010年に連邦捜査局（FBI）が公開した資料で、ジン氏は党員としてさまざまなフロント組織の活動に従事していたことが明らかになっている。

FBIがジン氏を捜査対象に指定したのは1949年で、捜査は1974年まで続いた。四半世紀にわたりFBIが集めたジン氏の情報は423ページに及び、すべてFBIのホームページ上で閲覧することができる。

1948年に共産党のフロント組織がホワイトハウス前で行った抗議活動にジン氏と共に参加した情報提供者によると、「ジン氏は共産党員であり、（党本部があるニューヨークの）ブルックリンでの党の会合に週5日参加していることを明かした」といい、党の活動に深く関与していた。

また、「T―1」というコードネームの元共産党員の情報提供者は、1949年にブルックリンの共産党ウィリアムズバーグ支部に配属された時、「ジン氏は既にこの支部にいた。新しい党員ではなく、かなりの期間、共産党にいる印象」を受けたと証言している。

また、T―1は、1951年にジン氏が共産党本部で「マルクス主義の基礎」について講義している様子を撮影した写真をFBIに提供した。ジン氏は「マルクス、レーニンの基本的な教えは正当であり、忠実に従うべきだ」と論じていたという。

米国の代表的な左翼知識人で、ジン氏と長年親交があったノーム・チョムスキー氏は、情報提供者の証言に基づくFBI資料は「大半が誤り」だと批判した。だが、前出のラドシュ氏は、左翼活動家時代にFBIが収集した自身の捜査資料を読んだ経験から、「情報提供者が共産党組織に潜入して目撃したことをストレートに報告したものは、大抵正確だ」と反論している。

FBI捜査官が1953年にジン氏に直接接触した際、ジン氏は「米国労働者党」「米退役軍人委員会」など一部の共産党フロント組織の活動に参加したことは認めたが、自らをただの「リベラル」「左派」と称し、共産党員だったことは一度もないと主張した。

左翼思想に傾倒する者が、共産党のフロント組織であることを知らずにその活動に関与することは考えられる。だが、「ジン氏が所属していなかったフロント組織はほぼない」(ラドシュ氏)ことから、ただのリベラル派だったとは考えられない。共産党員だった過去を偽ってきたのである。

ジン氏は1950年代に共産党を離党し、FBIは1955年にジン氏を国家の非常事態の際には身柄を拘束できる「セキュリティー・インデックス」から外している。

だが、ジン氏は大学教員になった後も、ベトナムやキューバの共産主義政権を支持し、1968年には反戦運動の一環で北ベトナムを訪問している。国内でもさまざまな過激左翼組織を支援した。

ジン氏が『民衆のアメリカ史』の初版を出したのは1980年だが、それまでに中立的な歴史家に転向した形跡はない。ジン氏が一貫して信奉したマルクス主義に基づいて同書が誕生したことは疑いの余地がない。

主要歴史教科書は全て左翼傾斜

オハイオ州にあるデイトン大学の教授だったラリー・シュワイカート氏が、共著で『愛国者のアメリカ史』を出版したのは2004年のことである。教育現場で使われる歴史教科書が左翼の視点で書かれている状況を憂い、米国の歴史を偏向なく教える必要性を切実に感じていたからだ。

出版社が『愛国者のアメリカ史』というタイトルを付けたのは、ジン氏の『民衆のアメリカ史』に対抗する意図があったのは間違いない。だが、シュワイカート氏本人は「自分の授業以外で売れるとは思っていなかった」という。

ところが、出版から6年後、状況は一変する。FOXニュースの人気司会者だったグレン・ベック氏が番組で同書を紹介したことをきっかけに注目を集め、ニューヨーク・タイムズ紙のベストセラーリストで1位になったのだ。

現在までに30万部以上が売れ、約30の大学、数百の高校で教科書として用いられているという。推計300万部の『民衆のアメリカ史』にはとても及ばないが、保守派必読の歴史書として認知されるようになった。「こんな成功を収めるとは夢にも思わなかった」。シュワイカート氏は今も驚きを隠せない。

シュワイカート氏は、同じ歴史家としてジン氏をどう見ているのか。「歴史家は真実に関心を持ち、論証可能な事実に基づかなければならない。ジン氏は歴史家ではなく、歴史家を装ったプロパガンディストだ」と痛烈に批判した。

シュワイカート氏が特に問題視するのは、『民衆のアメリカ史』には主張の根拠や出典を示す注釈が一切ないことだ。「生徒たちは完全に誤った、欠陥のある歴史観を学ぶだけでなく、ジン氏がうそをついているのかどうか確かめるすべもない」

米国民の歴史観を歪めた責任は、決してジン氏だけにあるわけではない。シュワイカート氏が最も使われている歴史教科書20冊を調べたところ、すべてが偏向していることが分かった。

問題は教科書の偏向にとどまらない。「ダイバーシティー（多様性）」を最重要視する歴史教育の在り方が、深刻な弊害をもたらしている。ジョージ・ワシントンやトーマス・ジェファソンら建国の父たちは全員が白人男性だが、白人男性だけでなくマイノリティーや女性にも等しくスポットライトを当てるのが歴史教育のトレンドになっているというのだ。

シュワイカート氏によると、小学校用のある歴史教科書では、正確な記録のないインディアン酋長の演説が、ワシントンやジェファソンらの演説と同等に扱われていた。また、歴史上の重要な人物や出来事に焦点を当てるよりも、社会に不満を抱く労働者や主婦ら一般庶民の日記や回想などから当時の様子を学ぶことが重要視されているという。

「ジェファソンやジョン・アダムズ（第2代大統領）について学ぶ価値は、奴隷やインディアンの戦士と同等になってしまった。ダイバーシティー重視の歴史教育の問題点は、重要な物事に対する感覚を失わせ、すべての歴史を無意味なものにしてしまうことだ」

シュワイカート氏は強い憤りを示した上で、さらにこう続けた。

「独立宣言と不機嫌な主婦の日記、どちらが重要なのか。ミッドウェー海戦と米兵が家族に送った手紙、どちらが重要なのか。日記や手紙は人々の感情を伝えるが、実際に何が起きたかはさっぱり分からない。いつ何が起きたのか、誰にその責任があるのか、事実を学ぶことが歴史を理解する基礎だ」

米国で広がる自虐主義は、史実に対する基本的な理解の欠如がその傾向を助長していることは間違いない。

左翼がトランプを許せない理由

米国内の党派対立は年々先鋭化していたが、トランプ氏が進めるあらゆる政策や人事に反対する左翼勢力の抵抗運動は、これまで見たことがないほどの激しさである。

そもそもトランプ氏はなぜ、左翼勢力からこれほど嫌われるのか。暴言や大統領らしからぬ態度が主たる理由ではない。米国をどう見るかという「国家観」の根本的な相違が、彼らの反発を強めているのである。

トランプ氏は大統領選で「メーク・アメリカ・グレート・アゲイン（米国を再び偉大にする）」と訴えたが、左翼勢力にはまずこのスローガンが受け入れられない。米国を「再び」偉大にするということは、米国は「かつて」偉大だったということだ。だが、この国家観は、ハワード・ジン氏の『民衆のアメリカ史』で描かれた、米国は先住民や黒人、労働者、貧困層、女性を虐げてきた邪悪な国家だという左翼の歴史観と真っ向から反する。

「米国は再び偉大にはならない。偉大だったことがないからだ」。民主党の有力者アンドリュー・クオモ・ニューヨーク州知事は、トランプ氏の選挙スローガンをこう揶揄した。発言に批判が出たことを受け、クオモ氏の報道官は、米国はまだ潜在力を最大限発揮できていないという意味だったと弁明したが、左派政治家の本音が表れたと見るべきだろう。

オバマ前大統領も在任中、人種差別は「米国に受け継がれてきたDNA」であり、「治せない」と述べたことがある。オバマ氏が米国初の黒人大統領に選ばれたことは、米社会が人種差別をまた一歩大きく乗り越えた証しであるはずだ。そのオバマ氏でさえも、クオモ氏と同じように、米国は「偉大だったことがない」というダークな国家観を持っていたのである。

また、若い世代で「反米自虐主義」が浸透していることを強く印象付けたのが、民主党のイルハン・オマル下院議員の発言である。ソマリア系のオマル氏は2018年の中間選挙で、イスラム教徒女性としては米史上初の連邦議会議員となり、アレクサンドリア・オカシオコルテス下院議員と共に注目を集める新世代の急進左派政治家だ。そのオマル氏は2019年5月、混迷するベネズエラ情勢についてこう言い放ったのだ。

「米国が講じた多くの政策が、ベネズエラを破壊へと導いた」

ベネズエラの破綻は社会主義の失敗によるものでなく、米国の責任だというのである。

トランプ政権が独裁的なニコラス・マドゥロ政権に科した制裁も、「いじめ」だと批判した。温厚なマイク・ペンス副大統領でさえも、この発言には「ベネズエラ国民が路上に出て、圧政的な独裁者を相手に自由を求めて戦う中、オマル氏は自由よりも社会主義を選んでいる」とブチ切れたほどだ。

オマル氏の主張は、超大国として君臨する米国を「諸悪の根源」と捉えているからこそ出てくるものだ。耳を疑うような発言だが、これが典型的な左翼の世界観なのである。

オマル氏の発言を聞いて思い出すのは、レーガン政権の国連大使だった反共主義者のジーン・カークパトリック女史が、1984年の共和党全国大会で行った有名な演説である。米国に脅威を及ぼす共産主義勢力やテロリストを非難するよりも、米国自身をまず非難する民主党左派を、女史はこう切り捨てたのだった。

彼らは「ブレイム・アメリカ・ファースト（米国を第一に非難する）」だ——と。

カークパトリック女史の演説から30年以上が経過した今も、左翼勢力の「ブレイム・アメリカ・ファースト」の姿勢は基本的に変わっていない。米国は偉大な国家だという前提に基づき「アメリカ・ファースト」を掲げるトランプ氏と左翼勢力の「内戦」は、必然的に激烈なものにならざるを得ない。

左翼勢力とは対照的に、愛国心の強い草の根有権者がトランプ氏を熱烈に支持するのは、トランプ氏が愛国姿勢をはっきり示し、自虐主義の潮流を押し返しているからである。

★第5章★ 識者インタビュー

トランプは「敵対的多文化主義」を拒否

米ハドソン研究所上級研究員　**ジョン・フォンテ**氏

「多数から一つへ」が米の伝統

――トランプ米大統領が目指す国家の方向性は、オバマ前大統領とどう違うか。

フォンテ　オバマ氏は「米国を根本からトランスフォーム（変換）させる」と主張したが、その戦略の一部が「移民」である。低所得の移民を大量に受け入れることで、米国を左傾化させようとした。これは単なる移民政策でもなければ、国家にとって最善を考えてのことでもない。民主党の長期的な政治戦略だ。

オバマ氏が目指した米国のトランスフォーメーションとは、市民が共通のアイデンティティーを持った国家から多文化主義へと変えることだった。この考えの下では、人々は米国民であることを第一に考えるよりも、アフリカ系、中南米系、アジア系、女性、LGBT（性的少数者）など、それぞれが属するグループを第一に考えることが強調される。

グループを強調することで、米国民は分断され、互いに対立し合う。これがいわゆる米国の「バルカン化」、敵対的多文化主義である。

米国は世界各国から人々が集まってきた多民族の国家であり、各民族がそれぞれの伝統や習慣を米国に持ち込むのはいいことだ。だが、政治的、そして市民としては、米国民であることが第一であるべきだ。トランプ氏はそれを求めている。

米国のモットーの一つが「E Pluribus Unum《エ・プルリブス・ウヌム》」である。「多数から一つへ」を意味するラテン語で、国章にも書かれている。多文化主義はその逆で、「一つから多数へ」を目指すものだ。トランプ氏は米国が一つになることを訴えている。

――オバマ政権は多文化主義をどのように推進したのか。

フォンテ　オバマ政権下では、移民に市民権を付与するプロセスが多文化主義の思想に基づいて進められた。移民に市民権取得を促すプロモーションビデオで、オバマ氏は米市民になっても自分を変える必要はないと主張した。

だが、これは間違いだ。米国民になることは、それまでの自分を放棄し、米国に忠誠を誓うということである。新たな移民に対し、米国のアイデンティティーなど多くのことを受け入れるよう求めなければならない。

これは米国の伝統だ。初代大統領ジョージ・ワシントンは、副大統領ジョン・アダムズへの書簡で、移民を受け入れる時は米社会に同化させなければならないと主張した。20世紀初頭に大量の移民が入ってきた時も、移民を米社会に同化させる「アメリカナイゼーション」と呼ばれるプログラムが公教育で行われた。これが今は多文化主義に変わってしまった。

トランプ氏は、移民を同化、統合、アメリカナイズさせる伝統を取り戻そうとしている。移民は歓迎するが、米国民になることを求める。これがトランプ氏の立場であり、前政権からの大きな転換である。

ナショナリズムは国家への愛情

——ポリティカル・コレクトネス（政治的正当性）の影響で、米国ではこれまで、移民の大量流入や多文化主義に異論を唱えにくい風潮があった。

フォンテ　これらのテーマは今まで議論することがタブーだったが、トランプ氏がこれを解いてくれた。言論・表現の自由が拡大したことで、異なる意見を持つことが可能になった。

トランプ氏は通常の政治家とは異なるアウトサイダーであり、物事を遠慮なく言える破天荒な人物だ。ポリティカル・コレクトネスには誰も反対できないと思われていたが、トランプ氏はこれに立ち向かっている。他の共和党候補が大統領になっていたら、そうはいかなかっただろう。

――トランプ氏は就任演説で、肌の色にかかわらず「われわれは皆、同じ愛国者の赤い血が流れている」と訴えた。愛国心を高めることで分断する国家をまとめようとしているように見える。

フォンテ　その通りだ。ナショナリズムとは国家に対する愛情を意味する。米国民が米国を第一に考えるように、日本人も日本を第一に考える。これは自然かつ健全なことである。

ここで言うナショナリズムとは、ショービニズム（排外的愛国主義）やジンゴイズム（好戦的愛国主義）ではなく、民主的ナショナリズムだ。人々が国を愛する気持ちは、自治に基づく民主主義を機能させる上で不可欠な要素である。多くの人がトランプ氏を嫌い、米国を分断していると考えている。だが、そうではない。トランプ氏が目指しているのは、われわれは皆、米国民だという一体感であり、「エ・プルリブス・ウヌム」なのだ。

「国益第一」は国家の責任

――トランプ氏は「国家主権」の重要性を強調することが多い。なぜ今、国家主権なのか。

フォンテ　主権とは、物事を決定するのは誰なのか、ということだ。トランプ氏が国連演説をはじめ多くの演説で述べているように、合衆国憲法は「ウィー・ザ・ピープル（われら人民）」という三つの単語で始まる。つまり主権は米国民の手にあるということだ。主権者たる国民の合意によって物事は決定される。

オバマ前大統領やヒラリー・クリントン元国務長官は、国家主権に重きを置いていなかった。彼らが重きを置いていたのは、国際機構、多国間機構だった。国際機構が物事を決定することは、主権が国家から国際機構に移譲されるということだ。

例えば、国際刑事裁判所（ＩＣＣ）は、国家の上位にある独立した法廷で、米国民の合意無しに米兵を戦争犯罪で裁く権限を主張している。国民の合意無く物事を決定するのは、北朝鮮やイランなど独裁国家と同じである。

トランプ氏は、国際政治の枠組みは国際機構ではなく国民国家が中心であることを理解している。国家は他国と協力する一方で競争もする。米国にとって日本のような協力的な国家もあれば、中国やロシアのような競合国も存在する。それが世界の現実である。

トランプ氏は現実主義者であり、世界をありのままに見ている。世界はこうあるべきだというようには見ていない。オバマ氏はそうではなかった。主権の重要性を認識していなかった。
グローバリズムの問題点は、国際機構が国家の合意無しに権限を主張していることである。政策を決めるのは国家であるべきだ。国際機構によって政策が国家の外側で決められるべきではない。国家や主権よりも上位に立つ超国家機構は、民主主義、自由、そして合意に基づく政府の在り方にとって大きな問題だ。

――トランプ氏が掲げる「米国第一」は、国家主権を弱めようとするグローバリスト勢力から米国の主権を守るという側面があるのか。

フォンテ　その通りだ。グローバリストたちの目標は、国際機構が物事を決める単一のグローバルシステムをつくることにある。彼らはこれを「世界政府」ではなく「グローバル・ガバナンス」と呼んでいる。このシステムの下では、国家は存在するが、その力は弱まり、従属的になる。いわば「グローバル・エンパイア（帝国）」である。

トランプ氏が大統領に選ばれたことと、英国が国民投票で欧州連合（EU）離脱を決めた「ブレグジット」は、物事を決定するのは自分たちだ、グローバリストたちに決めさせたくない、という表れだ。アメリカ・ファーストはグローバル・ガバナンスに対する抵抗なのである。

――米国第一は孤立主義と受け止められることが多い。

フォンテ　アメリカ・ファーストは、決して「アメリカ・アローン（米国単独）」を意味しない。意味するのは「強い米国」であり、日本や韓国、英国などの同盟国と連携することで、より強い米国になることができる。

国家は国民に対して責任を負う。トランプ氏は米国民に選ばれたのだから、米国民に対して責任を負う。アメリカ・ファーストは、国家のあるべき行動原理を認めたにすぎない。米国だけでなく他の国々も自国の利益を第一に考え、強い独立国家を目指すのは自然なことだ。日本が「日本第一」を掲げたとしても、それは自然なことである。

John Fonte　米アリゾナ大で修士号、シカゴ大で博士号を取得。米教育省の上級研究員やアメリカン・エンタープライズ政策研究所（ＡＥＩ）客員研究員などを歴任。現在、ハドソン研究所の上級研究員・アメリカ共通文化センター長を務める。著書にグローバル・ガバナンスの問題点を指摘した『Sovereignty or Submission（主権か服従か）』がある。

行き過ぎたグローバリズムを是正

米ジョージ・ワシントン大学教授　ヘンリー・ナウ氏

世界でも「小さな政府」を志向

――トランプ大統領は国家主権を強調するが、なぜ国家主権が重要なのか。

ナウ　国家主権が国際社会の基盤だからだ。国民は欧州連合（ＥＵ）や世界貿易機関（ＷＴＯ）に帰属する前に国家に帰属する。われわれが生きる世界は依然、国民国家が基礎であることを認識しなければならない。

グローバル・エリートや大企業は過去数十年間、やりたい放題でグローバル化を進め、国家主権を弱めてきた。トランプ氏が今、国家主権に焦点を当てることは、こうした状況を是正する上で好ましいことである。

トランプ氏は既存のグローバリゼーションを弱めようとしているわけではない。もしそれを目指しているなら、グローバル・エリートの培養地であるダボス会議（世界経済フォーラム年次総会）には行っていない。トランプ氏が２０１８年1月にダボスに行ったのは、グローバル・エリートたちに対し、もっと国民の思いに関心を寄せ、各国にグローバル化を吸収する時間的余裕を与えよ、というメッセージを送るためである。
トランプ氏は国民国家、国家主権、ナショナリズムこそが、豊かで安全な国際社会の土台であると信じている。

――ナショナリズムはグローバリズムと相反するか。

ナウ　民主主義はこの75年間で劇的に拡大した。主要先進国はすべて自由民主主義国であり、平和的に共存している。今日の世界で明らかなのは、（民主国家同士は紛争を避けるという）「民主的平和」のビジョンである。
つまり、主要先進国を結び付けているのは国際機構ではなく、自由民主主義という共通の政治的価値観なのだ。自由民主主義の原則に立脚する時、ナショナリズムはグローバリズムと両立できる。

――トランプ氏はどのような世界観に基づき国際社会に関与しているのか。

ナウ　トランプ氏は小さな政府を望むように、国際的にも小さな政府を望む。規制については、国内だけでなく国際的なレベルでも極めて否定的だ。従って、国連やＷＴＯをこれ以上を大きくする必要もなければ、気候変動をめぐる新たな国際的枠組みも必要ない、と信じている。

民主的で自立した国家は互いに協力し、自分たちで機能的な世界を築くことができる。国際機構を設けなくても、われわれは多くのことができるというのがトランプ氏の考えだ。これは極めて保守的なビジョンであり、「保守国際主義」と呼ばれるものである。

Henry R. Nau　米ジョンズ・ホプキンス大高等国際問題研究大学院（SAIS）で修士号・博士号を取得。レーガン政権で国家安全保障会議（NSC）国際経済上級部長。「日米韓議員交流プログラム」を主宰してきた功績で2016年に旭日中綬章を受章。現在、ジョージ・ワシントン大学教授。

人種差別は主要問題にあらず

米ジョージ・メイソン大学特別教授　**ウォルター・ウィリアムズ**氏

黒人の深刻な家庭崩壊・暴力

――人種差別は今なお米社会の大きな問題だと思うか。

ウィリアムズ　思わない。黒人はかつて、憲法上の保障を受けていなかったが、公民権をめぐる戦いは終わった。勝利したのだ。黒人が直面する大きな問題はもう存在しない、という意味ではない。だが、黒人が今日抱える問題は、公民権の問題とは関係がない。

例えば、黒人が直面する大きな問題の一つは、婚外子率の高さだ。黒人の子供の75％が婚外子として生まれている。これは人種差別によって引き起こされたものではない。

また、（黒人が多く住む）一部の都市では、凶悪犯罪率が高い。シカゴでは2017年に600人以上が殺された。だが、これも人種差別とは無関係である。なぜなら、そのほとんどが黒人が黒人を殺害した事件だからだ。

多くの黒人が受けているひどい教育も、人種差別とは関係ない。教育の質が低い都市は、市長、教育長、校長、教員が黒人だ。お粗末な教育を人種差別のせいにはできない。人種差別は存在しない、と言っているのではない。過去のように黒人が直面する主要な問題ではない、ということだ。

――全米に拡大した、警官による黒人射殺への抗議運動「ブラック・ライブズ・マター（黒人の命は大切）」をどう見る。

ウィリアムズ　毎年、約７０００人の黒人が殺されているが、このうち職務中の警官に射殺された割合はごくわずかである。ブラック・ライブズ・マター運動は、大半が黒人に殺されている事実ではなく、警官による射殺だけに焦点を当てている。

――米国には構造的な人種差別が存在し、黒人はその犠牲者だという主張が根強くあるが。

ウィリアムズ　ナンセンスな主張だ。私は２０１１年に書いた『人種と経済学』という本で、米国の黒人社会を一つの国家と仮定した場合、２００８年の統計でその国内総生産（ＧＤＰ）は世界第18位の国家に相当すると指摘した。米国の黒人は、ポーランドやベルギー、スイス、スウェーデンより裕福ということになる。

これは目覚ましい進展である。１８６５年に南北戦争で黒人奴隷が解放された時、１世紀余りで黒人の地位がここまで向上するとは誰が想像しただろうか。

米国の黒人の中には、世界の大富豪、著名人になった者もいる。黒人のコリン・パウエル氏は、世界最強の米軍のトップに立った。これらは黒人が成し遂げた進歩や払ってきた犠牲を物語るものだ。このような進展は、米国だからこそ可能だったのだ。他の国では不可能だっただろう。

オバマ政権下で人種関係悪化

――オバマ氏が黒人初の米大統領に就任した時、人種問題は改善されると期待された。

ウィリアムズ　オバマ政権時代、国民の人種的関係は逆に悪化した。多民族社会は根本的に不安定だ。多民族社会で安定を維持する唯一の方法は、できるだけ小さな政府を保ち、人種に基づいて決定を下さないことである。だが、オバマ氏は多くの物事を人種に基づいて決めた。

――リベラル勢力はトランプ大統領を人種差別主義者と呼ぶが、同意するか。

ウィリアムズ　しない。彼らは同意できないことがあると、いつも人種差別主義者と呼んで非難する。

トランプ氏が（2018年1月にアフリカ諸国やハイチなどを指し）「そんな便所のよう

な国の連中をなぜ受け入れるのか」と述べたことは、配慮に欠け、別の言い方をすべきだった。だが、この発言は、米国が対応すべき問題を提起している。

ノルウェーやフィンランドから米国に不法入国し、刑務所に入る者が一体何人いるか。ほとんどいない。米国で問題を起こし、刑務所を溢れさせ、米国の福祉制度を圧迫しているのは、中南米やアフリカ、中東からやって来た人々だ。

――トランプ氏は不法移民に厳しい対応を取っている。

ウィリアムズ　世界のすべての人に米国に住む権利があるわけではない。誰をどのような条件で入国させるかを決める権利は米国民にある。より良い生活を求めてやって来たとしても、米国に不法入国した者は、法律を破った犯罪者だ。善良な市民として生活していても、法律を破ったことに変わりはない。

だが、これに同意しないのが左翼である。不法移民を排除しようとするトランプ氏を、左翼は攻撃的だとして反対している。

Walter E. Williams　1936年、米フィラデルフィア生まれ。カリフォルニア大ロサンゼルス校（UCLA）で修士、博士号を取得。1980年からジョージ・メイソン大学経済学部教授。経済学部長を経て、現在、特別教授。保守派コラムニストとして活発な言論活動を続ける。

日米同盟強化で中国を抑止せよ

米戦略予算評価センター上級研究員　**トシ・ヨシハラ**氏

経済が米中対立の主戦場

――米国の対中政策は、トランプ政権下でどう変化したか。

ヨシハラ　対中政策の基本的な前提が劇的に変わった。ニクソン政権以来、対中政策の土台になってきたのは、中国に関与すれば、中国の行動を変えられる、さらには政治の自由化など内部変革をもたらせられるという前提だった。だが、トランプ政権は全く異なる前提を持ち込んだ。関与政策は失敗したという前提だ。

関与は中国の行動に劇的な変化も内部変革ももたらさなかった。実際は全く逆だった。習近平国家主席の下で監視国家化や権力集中が進み、一段と独裁主義的になっている。関与は望んでいた結果をもたらすどころか、獣に餌を与えただけだった。中国が野望を果たすために必要なものを与えただけだった。

だから、トランプ政権は異なるアプローチが必要との考えに至った。これがトランプ政権の対中政策を理解する出発点である。

——トランプ政権が貿易問題に焦点を当てるのは、経済を中国との競争の中核と捉えているからか。

ヨシハラ　その通りだ。米中間の長期的な平時の競争は、経済がその中心だ。経済力がなければ、ハードパワー、軍事力の競争に必要な資金や物資は得られない。米国の経済的立場を強化することが、中国と効果的に競争する立場に立つ道だとの認識がトランプ政権にはある。

中国側から見ても、長期的な経済成長がなければ、「中国の夢」は実現できない。中国が地域を支配するパワー、強大な軍事的パワーになるには、経済力が欠かせない。経済こそが競争の礎なのだ。トランプ政権はこれを理解している。

貿易戦争では、貿易赤字の削減や中国に知的財産権侵害などを止めさせることが議論の中心になっているが、根底にある狙いは、中国からパワーの礎を奪うことだ。つまり、貿易戦争は中国の勢いを鈍らせ、中国の競争力を削ぐことを狙った試みなのだ。

従って、貿易戦争は米中の長期的な競争の観点から考える必要がある。現在起きているのは、米中関係の「デカップリング（切り離し）」だが、これは一夜にして起きるものではない。数年かかるだろう。今の流れが続くとすれば、米中のデカップリングは複数の政権にまたがる可能性が高い。

カギ握るイデオロギー戦

——トランプ大統領は中国をめぐる米国内の議論をどう変えたか。

ヨシハラ　トランプ氏の時代になってから、数年前までは考えられなかった言葉や概念が使われるようになった。われわれは今、貿易戦争や冷戦という言葉を遠慮なく使っているが、数年前はタブーだったものだ。

トランプ氏の大きな貢献の一つは、一般通念や現状を打ち破り、議論や政策に新たな領域を切り開いたことだ。これにより、政策立案者たちは、中国にどう対応すべきか、議論をリセットし、新たな議論を始められるようになった。

——民主党のヒラリー・クリントン氏が大統領になっていたら、これまでの対中政策を打破できただろうか。

ヨシハラ　クリントン氏のような従来の考え方を持つ人物が、ガラスを打ち破れるかどうかは分からない。最終的にはやるかもしれない。だが、議論のスピードやペースは違っていただろう。

重要なのはタイミングだ。中国の台頭、習氏の野心を考えると、われわれには時間の余裕がない。多くの決断を早急に下さなければならない。その中で、トランプ氏が中国をめぐる議論の方向性や焦点を劇的に転換したことは、米国の政策コミュニティーに与えてくれたギフト（贈り物）だ。

――マイク・ペンス副大統領が２０１８年10月にハドソン研究所で行った対中政策演説をどう見る。

ヨシハラ　過去と決別した歴史的文書、画期的スピーチとして記録されるだろう。ペンス氏は演説で、中国を「中国共産党」「共産党」「党」などと表現したが、これは偶然ではない。中国との競争は中国共産党、独裁体制との競争であることを意図的に強調したのだ。ペンス氏は多くのテーマで、共産党、独裁体制の問題点を指摘した。中国との長期的な競争で本当に重要になるのは、イデオロギーだ。軍事や経済だけではない。

ウイグル族の抑圧に関して、米国は新疆ウイグル自治区の党幹部や監視システムに関わるハイテク企業に対する制裁を模索している。また、ポンペオ国務長官は、中国共産党は天安門事件の詳細を公表しなければならないと主張した。国務長官がこのようなことを述べるのは異例だ。さらに、台湾の蔡英文総統が２０１８年夏、米国を経由した際、レーガン大統領図書館に立ち寄り、ベルリンの壁の前で語った。

これらはすべて中国を狙ったイデオロギーのミサイルだ。われわれは中国と包括的な競争を繰り広げているが、イデオロギーが重要な要素となるだろう。

驚くべき中国の海軍増強

——中国は米国に代わる世界の超大国の座を目指しているのか。

ヨシハラ　少なくとも中国は米国をアジアから排除しようとしていることは確かだ。習近平国家主席が掲げる「中国の夢」は、正当な歴史的地位を取り戻し、アジアの中心になることを目指すものだ。これは、中国が東アジアで支配的なパワーとなることを意味し、すなわち米国の影響力縮小を意味する。

中国が米国をどこまで押し出そうとしているかは、はっきりしない。グアムまでかハワイまでか。ただ、グローバルパワーになるには、まず支配的な地域パワーになる必要がある。米国もまず西半球で支配的なパワーになれなければ、グローバルパワーにはなれなかった。従って、中国のアジアの野望は、グローバルな野望に向かう重要なステップだ。

——米中の軍事バランスをどう見る。

ヨシハラ　中国は驚くべきスピードと規模で海軍を増強している。私の推計では、２０

07年時点で中国の近代的な水上戦闘艦は10隻以下だったが、その数は10年後の2017年までに80隻を超え、2018年末までに90隻を超えた。

これほどの海軍増強は1930年代以降、世界的にも見られなかったものである。大規模な海軍増強が頻繁には起きないのは、多くの資源と強力な意志を要するからだ。中国には明らかにその両方がある。とりわけこれが問題なのは、海軍増強は歴史的に「大国間競争」のみならず、「大国間戦争」の前兆になってきたからだ。

――習近平政権が台湾への軍事侵攻に踏み切る可能性は。

ヨシハラ　中国はさまざまな声明で、台湾問題を永遠に未解決にしておくつもりはないと主張している。習氏も、人民解放軍は台湾統一の任務を果たす能力を持たなければならないと言っている。南シナ海や東シナ海、インド洋で起きていることも大切だが、台湾の重要性を決して忘れてはならない。人民解放軍の最重要任務は依然、台湾統一だ。そのシナリオに焦点を当てて組織編成や訓練、演習、近代化を進めている。

習氏が侵攻に踏み切るかどうかだが、全面的な着上陸侵攻は大きな犠牲を強いられ、成功させるのは容易でない。だが、大規模侵攻以外にも、ミサイル攻撃や海上封鎖などの方法がある。ミサイル攻撃では、台湾の政治指導者を殺害するだけでなく、軍事基地など重要インフラを破壊し、台湾の防衛意志を引き裂くことを狙っている。

中国はこれに「政治戦」を組み合わせるだろう。世論工作によって台湾の議論を誘導するとともに、エリート層や民間人の抵抗する政治的意志を挫いて降伏させる、あるいは取引に応じさせようとするだろう。

台湾陥落は日本の敗北

——中国を抑止する上で、日本の役割をどう見る。

ヨシハラ　日本はその地理的位置を活用できる。日本の四つの大きな島（北海道、本州、四国、九州）と南西諸島は、中国の海洋の野望をブロックする自然の位置にある。日本が既に進めている南西諸島の軍事化は、東シナ海の監視能力を高めるとともに、南西諸島への対艦ミサイル配備を可能にする。中国は接近阻止システムを配備しているが、日本自身も中国の海洋アクセスを拒否する接近阻止システムを配備できる。

これは有事のシナリオだが、平時に日本が第一にすべきことは、米国との緊密な協力関係を維持することだ。また、台湾とも緊密な関係を構築すべきである。台湾は日本の安全保障にとって、南のアンカーだ。万一、台湾が中国の支配下に落ちれば、中国は日本のシーレーンを締め付けることが可能になる。これは日本にとって劇的な地政学的敗北だ。日本がいかなる形でも台湾との関係を強化することは、中国を抑止する上で重要になる。

また、ベトナム、フィリピンへの艦艇派遣や豪州、インドとの軍事関係強化といった活動はすべて、前線国家が集団で中国に対抗するネットワークの構築につながる。中国がそれぞれの国と個別に向き合えば、中国が圧倒的に有利だが、集団的なカウンターバランスには勝てない。これは中国の大きな弱点の一つだ。同盟協力と多国間協力は、中国を抑止するカギであり、日本は前線国家との協力強化をもっと進めるべきである。

Toshi Yoshihara　米海軍大学教授・アジア太平洋研究部長などを経て、現在、米シンクタンク、戦略予算評価センター（ＣＳＢＡ）上級研究員。中国海洋戦略研究の第一人者で、共著に『Red Star over the Pacific』（邦題『太平洋の赤い星』）などがある。

★終章★ トランプに学ぶ日本再生8つのヒント

1 政治指導者はまず国益を守れ

トランプ米大統領が掲げる「アメリカ・ファースト（米国第一）」に対し、日本では「自己中心的」「国際協調無視」といった否定的な見方が圧倒的に多い。だが、まず誤解してはならないのは、国家の指導者が自国民の利益を優先するのは当たり前であるということだ。

前章でハドソン研究所上級研究員のジョン・フォンテ氏が「トランプ氏は米国民に選ばれたのだから、米国民に対して責任を負う。アメリカ・ファーストは、国家のあるべき行動原理を認めたにすぎない」と指摘している通りである。

ただ、米国のような超大国が露骨に国益優先の姿勢を示すことは、影響が大きく、弊害もある。トランプ氏の他国への要求は強引で、時に理不尽だ。欧州諸国を中心に、米国と同盟関係を結ぶ国々との間できしみを生んでいることは事実である。日本も安倍晋三首相によるトランプ氏に対する積極的なアプローチがなければ、良好な関係を維持するのに苦労していただろう。

それでも、あえて問いたいのは、トランプ氏のように国益を断固守る決意を持った政治指導者が日本にいるのか、ということだ。国民の利益を最優先するトランプ氏の姿勢が、米国の草の根有権者の目に頼もしく映っていることは間違いない。日本の政治家が頼りなく見えるのは、国際社会では必ずしも通用しない「和の精神」を演出しようとするあまり、国益を命懸けで守るという気概が伝わってこないからである。

国家は国民を守るために存在する。国民の利益を守らない国家は国家ではない。これがトランプ氏の「米国第一」の根幹にあるメッセージなのである。

米国のように圧倒的な国力を持たない日本は、トランプ氏のような強引なやり方はできない。「日本第一」を掲げて自ら他国の警戒感を招くことは得策ではないだろう。引き続き国際協調を日本外交の基軸とすべきことは言うまでもない。だが、これまでの日本外交は波風を立てないことが目的化し、国益の意識があまりにも薄かった。

トランプ政権が2017年に発表した国家安全保障戦略（NSS）は「前世紀の現象と片付けられた大国間競争が復活した」と明記している。現代の国際秩序は、米国、中国、ロシアなど大国がパワーゲームを繰り広げる「地政学」の時代に逆戻りしたというのである。

各国が利益を守るためにしのぎを削る時代であればこそ、日本の政治指導者にはなおさら、譲れない国益は断固として守る姿勢が求められている。

2 「公助」偏重改め「自助」後押しを

トランプ氏が2019年2月の一般教書演説で、就任から2年間の経済実績を強調した際、具体例の一つとして挙げたのがこれだった。

「500万人近い米国民がフードスタンプから抜け出した」

「フードスタンプ」とは、低所得者向けの食料購入補助プログラムのことだ。経済が活性化したことにより、貧困層が職を見つける、あるいはより良い仕事に就くことができた結果、フードスタンプの受給者が大幅に減ったことを誇示したのである。

フードスタンプ受給者がピークに達したのは、オバマ前政権時代の2012年12月で、その数は4780万人に上った。これは約4000万人が住むカリフォルニア州の人口を上回る。米国民の6人に1人が食料の購入を政府に頼るという驚くべき状況であり、当然ながら、深刻な財政負担となっていた。

ピークを境にフードスタンプ受給者は減っていたため、減少分がすべてトランプ政権の実績とは言えないかもしれない。だが、重要なのは、多くの国民が政府の福祉依存から脱却し、経済的に自立できたことをトランプ政権の実績としてアピールしたことである。

これに対し、日本の政党や政治家が宣伝するのはバラマキ型の福祉政策ばかりで、国民の自助自立を後押しする政策についてはほとんど語らない。健全な社会を維持するには、「自助」「共助」「公助」のバランスが欠かせないが、日本の政策論争は公助をどう拡大するかに偏ってしまっている。

米国では、民主党・リベラル派が政府は国民生活に積極介入すべきだという公助重視の「大きな政府」を支持しているのに対し、共和党・保守派は政府ではなく民間活力を拡大すべきだという自助・共助重視の「小さな政府」を主張している。公助と自助・共助のどちらに比重を置くべきか、与野党が明確な対立軸を提示していることは、日本との決定的な違いである。

「政府こそが問題なのである」。米国の保守勢力の間で今も語り継がれているのが、レーガン元大統領が1980年の就任演説で語ったこの発言だ。大きな政府路線は個人の自由や民間活力を制約し、官僚機構を肥大化させ、非効率性を生み出すという弊害をずばり言い表したものだった。

小さな政府こそが米国の保守主義の根幹だが、それを実現する最も手っ取り早い方法は何か。それは減税である。トランプ氏が1兆5000億ドルの大型減税を盛り込んだ税制改革を実現したことは、保守主義の観点では最大の業績である。

また、政府の規制についても、トランプ氏は大統領令で、新たな規制を一つ導入するなら、既存の規制を二つ撤廃するという「2対1ルール」を義務付けた。実際には、2対1よりはるかに速いペースで規制緩和が進んでいる。

日本には減税を看板政策として掲げる主要政党はない。米国の保守主義の定義に基づけば、日本には保守政党が存在しないことになる。一般的には保守政党と言われる自民党でさえ、米国では共和党よりも、むしろ民主党に近いと言っていい。

日本が米国型の社会を目指すべきだと言うつもりはない。12年間の米国生活で身に沁みて感じたのは、医療保険制度は国民皆保険の日本のほうがはるかに安心であることだ。経済格差が極端な社会構造も、日本には全く馴染まない。ただ、日本でも官僚機構の肥大化に歯止めをかけ、政府の無駄や不必要な規制を無くしていくには、小さな政府の視点が欠かせない。

米国の保守派も、公助を否定しているわけでは決してない。保守派が批判するのは、あくまで自助・共助を妨げる行き過ぎた公助であり、セーフティーネットをすべて無くせとは言っていない。

レーガン氏はカリフォルニア州知事時代の1968年にこう述べている。

「福祉には目的が必要だ。それは困っている人々に必要なものを提供することはもちろんだが、彼らを自立させ、できるだけ早く福祉依存から脱却させることだ。福祉の成功は、加入者数ではなく、退出者数によって評価されるべきである」

レーガン氏の言う通りである。国民を政府に依存させるのではなく、困難な状況から助け出し、自立を促す。これこそが公助の原点だ。国民が行き過ぎた公助によって自立意欲を削がれ、逆に貧困から抜け出せなくなるという「貧困の罠」に陥ることは本末転倒である。トランプ政権は、健常な成人がフードスタンプを3カ月以上受給する場合の就業義務強化を求めるなど、自助につながる公助への原点回帰を進めている。

重要なのは、自助、共助、公助のバランスだ。今の日本は、このバランスがあまりに公助に偏り、しかも自立を助けるという公助の原点が見失われている。日本の政党・政治家も、選挙の票につながりやすい福祉の拡大だけでなく、自助・共助を後押しする政策も堂々と議論し、推進すべきである。「保守」を名乗る政党・政治家であれば、なおさらだ。

3 少子化克服へ「ポリコレ」打ち破れ

日本が直面する最大の「国難」は、少子化とそれに伴う人口減少である。

厚生労働省の人口動態統計によると、2016年に生まれた子供の数（出生数）は97万

6979人で、100万人を割り込んだ。これは1899年に国が統計を取り始めてから初めてのことだ。2017年、2018年も3万人前後の減少ペースで過去最少を更新している。

2011年に人口減少社会「元年」（総務省統計局）を迎えた日本は、猛烈な勢いで人口が減っていく見通しだ。国立社会保障・人口問題研究所の2017年の推計では、2053年に1億人の大台を割る。2065年には現在の3分の2の8808万人になり、100年後の2117年には、なんと現在の半分以下の5060万人になるというのである。

まさに国難である。移民の大量受け入れ以外で、これを乗り越える方法は一つしかない。女性により多くの子供を産んでもらうことである。だが、これを呼び掛けるのは、「ポリティカル・コレクトネス（政治的正当性）」に反するため、自由に言えないのが今の日本社会の風潮である。

例えば、自民党の加藤寛治衆院議員は2018年に派閥の会合で、結婚披露宴に出席した際には「3人以上の子供を産み育てていただきたい」と呼び掛けていたことを明かした。すると、与野党やメディアから批判が相次ぎ、発言撤回を余儀なくされた。政治家が女性に出産を促す趣旨の発言をするたびに、「セクハラ」「トンデモ発言」などと激しいバッシングを浴びることが繰り返されている。

国家を総動員して立ち向かわなければならない課題に対し、ポリティカル・コレクトネスが優先され、自由な議論さえ許されないのは悲劇である。この状況では少子化を克服することは絶望的だ。

トランプ氏はタブー視されてきたテーマを恐れず発言することで、ポリティカル・コレクトネスのしがらみを次々に打ち砕いている。もしトランプ氏が日本の指導者だったら、女性に子供をたくさん産んでほしいとはっきり言い続けるに違いない。

メディアや左翼勢力の猛烈なバッシングを浴びようとも、ひるまずに堂々と主張を繰り返す。これこそがポリティカル・コレクトネスを打ち破る唯一の方法である。トランプ氏がそれを米国で証明してきた。

日本の政治指導者も、誰かがポリティカル・コレクトネスとの戦いに勝って、少子化対策をめぐる「閉された言語空間」を解き放たなければならない。そのために必要なのは、タブーに挑戦する勇気と度胸、そして批判に負けないタフな精神力である。

4 「愛国のグローバリズム」を目指せ

マイク・ポンペオ米国務長官が2019年5月に、カリフォルニア州のクレアモント研究所主催のイベントで行った演説が一部の専門家の間で注目を集めた。トランプ政権の「米国第一」外交の基本的理念を述べたものだが、演説文を一読して筆者が最も注目したのは以下の一文である。

「トランプ政権の行動指針が反映するのは、本能的な国家への愛情だ」

トランプ外交の根幹にあるのは「国家への愛情」だというのである。もちろん、どの国も国益を守るために外交を行っているが、どちらかと言うと実利主義的な側面が強い。だが、「国家への愛情」という言葉からは、単なる損得勘定を超え、国民の幸福や建国の理念、伝統的な価値観や文化を守ろうという強い意思が伝わってくる。

現代のグローバリズムがもたらす最大の弊害は、それぞれの国家が築き上げてきた社会の調和や伝統的価値観を無視し、進歩的なグローバルスタンダードを無理やり押し付けようとすることにある。今、欧米諸国を中心にグローバリズムへの反発が巻き起こっているのは、現代のグローバリズムの根底に、国家という枠組みを時代遅れで排他的なものと捉える反国家主義があるからである。

すべての国家が国境を開放し、ヒトやモノが自由に行き来するようになることは崇高な理想に見える。だが、それを急進的に推し進めれば、当然、秩序が壊されてしまう。社会が吸収できる以上の移民が入ってきたことで調和が崩れ、また中国など海外に工場が移転したことで多くの労働者が職を失った。この状況に、米国民が怒りの声を上げたのはもっともなことだった。

グローバル・エリートたちが無視してきた一般国民の生活を第一に考える。繰り返しになるが、これこそがトランプ政権の「米国第一」の根幹にある理念なのだ。

グローバリズムとナショナリズムは相容れない概念と思われがちだ。だが、自分を愛せない者は他人を愛せないと言われるように、自分の国を愛せない者は本当の意味で世界を愛せない。従って、愛国心の欠落したグローバリズムは、真のグローバリズムではないのである。

第1章で指摘したように、トランプ政権はグローバル化や国際協調を否定しているわけではない。反国家主義を背景とした現代のグローバリズムを、愛国主義に立脚したグローバリズムに是正しようとしているのである。トランプ氏が国連演説で「われわれはグローバリズムのイデオロギーを拒否し、愛国主義の原則を信奉していく」と宣言した通りだ。

ポンペオ氏は前述の演説で、他の国々にも「自国民にとって最善のことをするよう呼び掛けている」と強調した。日本もトランプ政権と歩調を合わせ、「愛国のグローバリズム」を目指すべきだ。

5 左翼・フェミニストから家庭を守れ

「米国の生活の中心は、政府と官僚ではなく、信仰と家庭だ。米国のモットーは『我々は神を信じる』だ」

トランプ氏は2018年1月に行った一般教書演説で、大手メディアからは全く注目されなかったが、このような発言をしている。米社会を支えているのは政府と役人ではなく、一般国民の信仰と家庭なのだと、トランプ氏は強調したのである。

トランプ氏は2017年7月、訪問先のポーランドで行った演説でも同様の発言をしているが、この時はさらにこうも語っている。

「我々は地球上で最大の経済力と最強の兵器を持つことができる。だが強固な家庭、強固な価値観がなければ、我々は弱体化し、生き延びることはできない」

どんなに強大な国家でも家庭が安定し、国民が正しい価値観を持っていなければ、その社会は滅びてしまう、というのである。不動産業で莫大な富を築いた経歴から強欲なイメージが強いトランプ氏がこうした深い発言をするのは意外な印象を受ける。だが、「Pro-《プロ》Family《ファミリー》（家庭重視）」はトランプ氏の一貫した姿勢なのだ。

トランプ政権には、ペンス副大統領、ポンペオ国務長官を筆頭に、明確なプロファミリーの価値観を持つ保守派が数多く登用されている。彼らのリーダーシップの下で、トランプ政権は家族解体を目指すフェミニストら左翼勢力から国連の主導権を取り戻そうと戦っている。このことは第2章で指摘した通りである。

国連に過度な幻想を抱く日本人は、ジェンダーフリー思想をはじめとする国連の女性・家族政策を正しいものと鵜呑みにしてきた。トランプ政権がフェミニストの国連支配を打破しようとしていることは、日本人にとって幻想から目覚め、伝統的な家庭を守る方向へと回帰するまたとないチャンスと言える。

米国が外交で連携するのは通常、西側の同盟国が中心だが、社会問題ではリベラルな欧州諸国とは価値観が合わない。そこで、保守的な価値観を持つアフリカ諸国やイスラム教国家、ロシアなどと「新たな連合」を形成し、プロファミリーの国際的な潮流を生み出そうとしている。

この世界的な「文化戦争」に対し、日本はどちらの陣営につくべきか。その答えは自明だろう。トランプ氏が述べたように、強固な家庭こそが社会の礎だ。特に、人口減少という国難に直面する日本は、家庭を強化することが死活的に重要である。家庭を守る国際的な有志連合に加わり、家族解体を目論む左翼勢力の企てにきっぱり「ノー」と言うべきである。

6 米国と連携して中国の野望阻止を

世界中の国家指導者がトランプ氏との関係構築に苦労している。スタッフがコロコロ入れ替わる米政権を見れば分かるように、米国人でさえもトランプ氏とうまく付き合うのは難しい。外国人であればなおさらだ。そうした中、世界で最もトランプ氏と良好な関係を築いているのが、ほかならぬ安倍晋三首相である。これは安倍外交の大きな実績と言っていい。

強固な日米関係を土台に、安倍政権は中国との関係改善も進めている。日本は米国よりも中国との経済的な相互依存関係が進んでおり、簡単には「デカップリング（切り離し）」できない現実がある。2012年の沖縄県・尖閣諸島の国有化などをきっかけに悪化した日中関係を安定軌道に乗せることは重要である。

その意味で、安倍政権は米中対立の狭間でしたたかな外交を展開していると言えるかもしれない。ただ、そこには大きなリスクを伴うことも忘れてはならない。

ペンス副大統領が2018年10月にハドソン研究所で行った対中政策演説は、米中関係が「協調」から「競争」に変わったことを宣言するものだった。それから約3週間後、北京に飛んだ安倍首相は、中国の習近平国家主席に対し、こう強調したのだった。

「競争から協調へ、日中関係を新たな時代へ押し上げたい」

米中新冷戦の幕開けを告げるペンス演説の衝撃が世界を駆け巡る中、安倍首相はペンス氏と全く正反対のことを言ったのである。

二国間関係が改善に向かうのは普通、障害となっていた問題に何らかの進展がある時だ。だが、中国は尖閣諸島の領有権主張を撤回したわけではない。尖閣周辺では中国公船が以前と同じように領海侵入を続けている。東シナ海のガス田開発や南シナ海の軍事拠点化など懸案事項は何も変わっていない。変わったのは、習近平指導部のレトリックと仏頂面から微笑みになった顔の表情だけである。

安倍政権が中国問題でトランプ政権と緊密に連絡を取り合っていることは間違いないだろう。ただ、中国に対する国際的な圧力を高めていくべきタイミングで、日本がその勢いを削いでしまっている印象は否めない。習指導部が最も恐れるのは、日米が連携して対中圧力を強めるシナリオであり、日本に接近してきたのはそれを切り崩す狙いからだ。

安全保障面でも、中国の急速な軍拡により、アジア太平洋地域の軍事バランスは大きく揺らいでいる。日本は米国と共に対中抑止力を高めることが待ったなしの状況にある。このため、過剰な日中友好の演出は、中国の軍事的脅威に対する危機意識を鈍らせる恐れがあることを認識すべきだ。

トランプ政権の対中戦略にも大きな弱点がある。それは同盟国にも貿易問題で圧力をかけることで、国際的な対中包囲網の構築を困難にしていることだ。米中覇権争いはどれだけ多くの味方を得られるかがカギを握るのだが、トランプ氏はそこをあまり理解していない。

日本はトランプ政権との緊密な関係をバックにかつてないほど外交力が高まっている。その外交力を、中国の野望を阻止するために自由、民主主義、人権などの価値観を共有する国々を結集させる方向に活かすべきである。

21世紀の命運を懸けた米中新冷戦で、日本が果たすべき役割は極めて大きい。

7 自分の国は自分で守れる国に

「米国が攻撃されても、日本は助ける必要が全くない。ソニーのテレビでそれを見ていられる」

トランプ氏は2019年6月に大阪で開催された20カ国・地域首脳会議（G20サミッ

ト）出席のために来日する直前、ＦＯＸビジネスのインタビューで日米安全保障条約が不平等であることに不満をぶちまけた。ブルームバーグ通信も、トランプ氏が側近との私的会話で条約の破棄にまで言及したと報じた。

筆者はＧ20サミット閉幕後にトランプ氏が大阪市内で行った記者会見を取材したが、この時も、条約破棄は「全く考えていない」と明言しつつ、「不公平な条約だと言っているだけだ。日本が攻撃を受けたら、米国は全力で戦う。だが、米国が攻撃を受けても、日本は戦う必要がない」と、〝トランプ節〟を炸裂させていた。

日本は米軍に基地を提供し、かなりの額の在日米軍駐留経費を支払っている。特に、安倍政権は集団的自衛権の限定行使を可能にする安全保障関連法を整備し、米艦防護など自衛隊の役割を拡大させている。それでもトランプ氏からこうした発言が出てくるのは、残念としか言いようがない。トランプ氏の同盟観はもう変わらないと覚悟するしかないだろう。

ただ、トランプ氏が問題視する日米同盟の片務性は、強固な同盟を維持していく上でネックとなってきたことは事実である。日本は発言に一喜一憂せず、自主防衛力を増強することで、片務性を粛々と是正していくしかない。「自分の国は自分で守る」態勢を構築していくことは、トランプ氏に言われなくても進めていくべきテーマである。

米国の対日防衛義務を定めた日米安全保障条約第5条が尖閣諸島に適用されることを、日米間で確認し続けることは極めて重要な作業である。それ自体が尖閣諸島を虎視眈々と狙う中国への抑止力となるからだ。ただ、他国の無人島を守るために米兵が血を流すというオプションは、トランプ氏に限らず誰が米国の大統領であっても除外されるだろう。尖閣防衛に対する米軍の役割は後方支援にとどまることを前提に、日本は自力で尖閣を守れるようにしておかなければならない。

オバマ前大統領は米国が「世界の警察官」の役割を果たすことに否定的だったが、これはトランプ氏も同じだ。ただ、日本を含め各国が米国におんぶにだっこだったこれまでの状況を考えると、「なぜ米国だけが負担を負うのか」と不満を爆発させるトランプ氏を責めることはできない。

トランプ氏は世界の警察官の役割に否定的ではあるものの、その一方で、レーガン元大統領と同じように「力による平和」を掲げ、米軍の増強を推し進めている。これは国防費を大幅に削減したオバマ氏との決定的な違いだ。

トランプ氏は同盟国に対しても国防費の増額を求めている。つまり、同盟関係を「依存する関係」から「自立した関係」に変えようとしているのである。自分の国を自分で守れる同盟国が増えるほど、世界は安定する。それは間違いない。

あらゆるテーマで現状維持を否定するトランプ氏は、同盟関係でも現状を打ち砕こうとしている。そんなトランプ氏と良好な関係を維持するのは容易なことでない。だが、トランプ氏の登場は、「自立した日本」へと生まれ変わるチャンスだと捉えるべきである。

8 日本の有権者も成熟せよ

２４３対20――。

これは２０１６年大統領選で民主党のヒラリー・クリントン候補とトランプ氏の支持を表明した米国の日刊紙の数を比べたものだ。もちろん多い方がクリントン氏である。

発行部数上位１００紙に限ると、クリントン氏とトランプ氏の支持数は57対２で、その差は28倍以上になる。ニューヨーク・タイムズやワシントン・ポスト、ロサンゼルス・タイムズなどの主要紙は、こぞってクリントン氏を支持した。トランプ氏を支持したのはラスベガスとフロリダの地方紙2紙だけで、４紙から支持を得た小政党リバタリアン党のゲーリー・ジョンソン候補よりも少なかったのだ。

こうした米メディアの全面的な「反トランプ」報道にもかかわらず、トランプ氏は当選を果たした。これは何を意味するのか。多くの有権者が大手メディアの報道に左右されずにトランプ氏に投票したということである。

本書の冒頭で書いたように、筆者はトランプ氏が当選することを全く予想していなかった。それだけに、大手メディアがつくり出す社会の風潮に迎合せず、自らの信念で判断を下す米国民の独立独歩の精神には、大きな驚きと深い感銘を受けたものだ。

日本では、政治家が一つの失言で政治生命を絶たれたり、国民の支持が急落してしまうケースが少なくない。だが、トランプ氏は一体どれだけの問題発言をしてきたことか。その中には、日本だったら命取りになるような暴言もある。そして、問題発言のたびに、大手メディアから激しく叩かれてきた。日本でこのような人物が首相の座にまで上り詰めることは、到底考えられない。

2016年の大統領選後に、政治コメンテーターとして著名なワシントン・タイムズ紙のコラムニスト、チャールズ・ハート氏に話を聞いたところ、こう指摘していた。

「インターネットには既存メディアに対抗するウェブサイトが溢れている。多くの国民がこうした代替メディアから情報を得るようになった。また、ユーチューブでトランプ氏の演説を直接見るなど、1次情報を重視する有権者も増えている。トランプ氏の批判しかしない大手メディアは、完全に信頼を失っているのだ」

米国の有権者は、バイアス（偏向）のかかった大手メディアに頼らず、トランプ氏のツイッターや演説映像などの1次情報やネットメディアを通じて、判断を下したというのである。トランプ氏がツイッターを積極的に活用するのは、同氏が「フェイクニュース」と非難する大手メディアを経由せず、有権者に直接メッセージを届けることができるためだ。

大手メディアによるトランプ・バッシングは、今も激しく続いている。それでも、米政治専門サイト「リアル・クリア・ポリティクス」によると、トランプ氏の支持率平均値は2018年3月以降、40%を割ったことがない。過去の大統領と比べると、低水準であることは事実だが、大手メディアの報道に動じない岩盤支持層がしっかり存在するということだ。

もし、日本の首相が読売、朝日、毎日、日経、産経の大手紙から一斉に叩かれた場合、40%台の内閣支持率を維持できるだろうか。おそらく、無理だろう。

新聞社で働く者として、既存メディアの信頼が失われている状況は残念でならない。ただ、有権者が大手メディアのバイアスに左右されず、正しい情報を見抜く力を備えることは極めて重要である。

日本を再生する最も大切なカギは、国民一人ひとりが成熟することだ。これに尽きる。トランプ氏だけでなく、トランプ氏を選んだ米国の有権者からも、日本人は学ぶべきことが多くある。

あとがき

「ハヤカワサン、日本にもムーブメントは来ていますか？」

ワシントンで取材した大手保守系シンクタンクの専門家から逆質問されたこの一言が忘れられない。トランプ氏が巻き起こした反エスタブリッシュメントのうねりは、米国内にとどまらず世界的なムーブメントとなっているが、旋風は日本にも吹いているのかと尋ねてきたのである。

「ノー」と答えるしかなかった。日本でもトランプ氏は大きな注目を集めているが、関心の的は物議を醸す言動や特異なキャラクターが中心で、トランプ氏が進める政策の中身やその意味が真剣に議論されることは少ない。トランプ氏が左翼勢力から米国を取り戻そうとする取り組みから、日本が学ぶべきことはたくさんあるのだが、それが政治運動へと広がる気配はない。日本が世界の潮流からかけ離れていることに気付かされ、愕然とした。

その大きな理由は、日本の大手メディアの報道姿勢にあると思う。

米国の実像が日本に正しく伝えられていない――。ワシントンで12年間、特派員として活動していた時、常に感じていたのはこれだった。正しく伝えられていないというより、米国の「一面」しか伝えられていない、と言ったほうが正確かもしれない。

日本の大手メディアは基本的に、ニューヨーク・タイムズ紙やワシントン・ポスト紙、CNN、NBC、CBS、ABCなどの論調をベースにして米国のニュースを伝える。米国の大手メディアはほとんどがリベラル傾斜しているため、日本メディアの米国報道も必然的にそうした傾斜がかかってしまう。

米国の大手メディアが繰り広げる激しいトランプ批判も、米国の「一面」であることは確かだ。だが、トランプ氏を実際に大統領に選んだのは、保守的な草の根の有権者である。彼らの考え方と大きく乖離した大手メディアの報道からは、米国の別の「一面」がほとんど見えてこない。

勘違いしてはならない。トランプ氏を支える保守勢力こそ、今の米国の「主流派」なのだ。大手メディアをはじめとするリベラル勢力のほうが、実は「非主流派」なのである。現代の米国を正しく理解するには、主流派である保守勢力のレンズからも米国を見なければならない。だが、日本の大手メディアは非主流派のレンズを通してしか米国を見ていない。

これは危険なことである。日本にとって最も重要な同盟国である米国の針路を見誤れば、外交・安全保障政策にも深刻な悪影響が及ぶからだ。日本ではほとんど伝えられていない米国の主流派の視点から「トランプ像」を浮かび上がらせることが本書を著した目的である。

トランプ氏が巻き起こしている「保守旋風」は、日本でも保守主義運動を活性化させるヒントになろう。そのためには、まず何よりトランプ氏と同氏を支える草の根有権者が目指す国家の方向性や価値観を理解することが不可欠である。

最後に、本書の出版を支援して下さったすべての方々に、この場を借りて御礼を申し上げたい。特に、世界日報社出版部の柏木広志氏には並々ならぬ尽力を頂いた。

取材では米国の多くの専門家から協力を頂いたが、中でもハドソン研究所上級研究員のジョン・フォンテ氏には、貴重な意見を数多く頂いた。それだけでなく、本書の推薦文をお願いしたところ、次のように述べて快く引き受けて下さったのだ。

「日本でトランプ氏の政策や目標に対する理解が深まることは、重要な日米同盟を強化し、民主主義の価値と平和を世界に促進することにつながる」――と。

フォンテ氏が言うように、本書がトランプ時代のアメリカのさらなる理解につながり、日本再生と日米関係の強化に役立てば、この上ない喜びである。

令和元年8月吉日

世界日報編集委員　早川俊行

〔参考図書〕

ドナルド・トランプ、トニー・シュウォーツ『トランプ自伝—不動産王にビジネスを学ぶ』筑摩書房

ニュート・ギングリッチ『トランプのアメリカ』産経広告社

ジェームズ・マン『危険な幻想　中国が民主化しなかったら世界はどうなる？』PHP 研究所

ハワード・ジン『民衆のアメリカ史（上・中・下）』TBS ブリタニカ

バラク・オバマ『マイ・ドリーム—バラク・オバマ自伝』ダイヤモンド社

森田清策、早川俊行『揺らぐ「結婚」—同性婚の衝撃と日本の未来』世界日報社

Phyllis Schlafly, Ed Martin and Brett M. Decker, The Conservative Case for Trump, Regnery Publishing

Phyllis Schlafly and George Neumayr, No Higher Power: Obama's War on Religious Freedom, Regnery Publishing

John Fonte, Sovereignty or Submission: Will Americans Rule Themselves or be Ruled by Others?, Encounter Books

Michael Pillsbury, The Hundred-Year Marathon: China's Secret Strategy to Replace America as the Global Superpower, Henry Holt and Co.

Howard Zinn, A People's History of the United States, Harper Perennial Modern Classics; Deluxe, Reprint edition

Barack Obama, Dreams from My Father: A Story of Race and Inheritance, Three Rivers Press; Reprint edition

Dinesh D'Souza, America: Imagine a World without Her, Regnery Publishing

Dinesh D'Souza, Obama's America: Unmaking the American Dream, Regnery Publishing

Stanley Kurtz, Radical-in-Chief: Barack Obama and the Untold Story of American Socialism, Threshold Editions

Paul Kengor, The Communist: Frank Marshall Davis: the Untold Story of Barack Obama's Mentor, Mercury Ink

〔参考論文〕

Mike Gonzalez, Patriotic Assimilation Is an Indispensable Condition in a Land of Immigrants
https://www.heritage.org/immigration/report/patriotic-assimilation-indispensable-condition-land-immigrants

Lee Edwards, The lessons of Ellis Island, Washington Times, August 23, 2018

Bruce Thornton, Melting Pots and Salad Bowls
https://www.hoover.org/research/melting-pots-and-salad-bowls

Dinesh D'Souza, Why Barack Obama is an anti-colonialist, Washington Post, October 8, 2010

早川俊行●はやかわとしゆき
1973年、神奈川県生まれ。上智大学外国語学部卒。世界日報社入社後、社会部、政治部などを経て、2000年から03年まで那覇支局長。04年から17年までワシントン特派員。アメリカ総局長も務める。現在、編集委員。共著に『復帰30年沖縄新時代宣言—沖縄問題のタブーを解く』『揺らぐ「結婚」—同性婚の衝撃と日本の未来』（共に世界日報社）。

トランプ「超・保守改革」
神と自由を取り戻す！
令和元年十月一日　第一刷発行

著　者●早川俊行
発行所●㈱世界日報社
〒103-0025
東京都中央区日本橋茅場町1-5-2-5F
電　話03（3476）3411 代表
電　話047（314）5715 出版部
FAX047（314）5709 同右
https://www.worldtimes.co.jp
印　刷●㈱日商印刷
乱丁・落丁本はお取り替え致します。

 ISBN978-4-88201-097-5